DAS KREATIVE WEIHNACHTS BUCH

SCHMÜCKEN, DEKORIEREN UND VERPACKEN

DAS KREATIVE WEIHNACHTSBUCH

SCHMÜCKEN, DEKORIEREN UND VERPACKEN

XENOS

CIP-Titelaufnahme der Deutschen Bibliothek

Das **kreative Weihnachtsbuch** : schmücken, dekorieren und verpacken / [übers. aus d. Engl. von Luzia Czernich]. - Hamburg: XENOS, 1990
(XENOS-Ratgeber)
ISBN 3-8212-0909-7

Deutsche Ausgabe: ISBN 3-8212-0909-7

Am Hehsel 40, 2000 Hamburg 63
Übersetzt aus dem Englischen von Luzia Czernich, Haimhausen
Lektorat: Michael Czernich, Haimhausen
Einbandgestaltung: Künne + Künne Werbeagentur, Hamburg
Satz: Atelier Schümann GmbH, Hamburg
Printed in Yugoslavia

INHALT

EINLEITUNG

Weihnachten - Fest der Freude und der Besinnung, ein Familienfest der Liebe, des Schenkens und Beschenktwerdens, das Fest der Feste im Jahreslauf. Was aber wäre Weihnachten ohne Vor-Weihnachten, die Zeit, in der man die verschiedensten Vorarbeiten tätigt, damit die Feiertage ein würdiges Ereignis werden.

Weihnachtsstimmung kommt bereits auf, wenn gemeinsam Weihnachtsbaumdekorationen gebastelt und mit den Kindern Plätzchen gebacken werden, die dann den Baum zieren. Sie finden in diesem Buch auf über 128 Seiten - erläutert in Schritt-für-Schritt-Anleitungen - eine Menge Vorschläge, wie Sie den äußeren Rahmen für Feierlichkeiten der Weihnachtstage gestalten können. Dem geschmückten Baum wird das erste Kapitel gewidmet. Es folgen Vorschläge für Tisch- und Wandschmuck, anschließend viele Beispiele dafür, wie Sie Ihre Weihnachtstafel festlich decken und schmücken können. Das Buch endet mit einem Kapitel über Geschenkverpackungen - »edel« und »vornehm«, originell und witzig, so daß der Beschenkte zunächst den Inhalt nur erraten kann. Aber immer festlich!

In diesem Sinne - fröhliche Weihnachten!

DER GESCHMÜCKTE BAUM

Viele Leute holen Jahr für Jahr denselben Weihnachtsbaumschmuck hervor. Das ist verständlich, wenn es sich um teuren Schmuck handelt. Es gibt aber genug Möglichkeiten, einen Baum zu schmücken, die nicht viel kosten. Auf den folgenden Seiten finden Sie Bäume, die ganz in Gold und Silber gehüllt sind; Bäume, mit Stoff und Keksen behängt, und künstliche weiße Bäume. Viele Leute sind gegen künstliche Weihnachtsbäume, es gibt aber sehr schöne, und sie halten viele Jahre. Außerdem verlieren sie nicht ihre Nadeln.

GOLDBAUM

Dieser traditionelle Baum ist ganz von goldenen Flitterbändern, Kugeln und Lametta umhüllt. Eine ähnlich elegante Wirkung erzielt man mit Silberschmuck auf einem künstlichen weißen Baum. Wenn man einen künstlichen silbernen Baum hat, könnte man hellblau oder hellrosa Schmuck ausprobieren. Bleiben Sie immer bei einer Farbe. Wenn die Kinder Schokolade an den Baum hängen möchten, kaufen Sie solche in farblich passender Verpackung.
Zuerst schlingt man eine weiße oder goldene Lichterkette um den Baum. Die Lichter sind sehr wichtig an einem Weihnachtsbaum. Jetzt ein Flitterband so um den Baum führen, daß die Kabel der Lichterkette verdeckt sind.
Dann Kugeln und Lametta am Baum verteilen. An der Spitze befestigt man einen Stern oder einen Engel. Der gezeigte Stern ist ganz einfach aus ein paar Flitterschlaufen zusammengesetzt. Als Abschluß legt man viele in Goldpapier verpackte Geschenke unter den Baum. Wenn die Geschenke dann verteilt und ausgepackt sind, drapiert man ein paar »falsche Päckchen« unter dem Baum, damit er nicht so leer aussieht.

KARIERTE SCHLEIFEN

Eine sehr ungewöhnliche, aber interessante Art, einen Weihnachtsbaum zu schmücken. In Schottland werden solche Bäumchen am Neujahrstag aufgestellt. Zuerst werden Lichter auf den Baum gesteckt. Dann braucht man einen großen Strauß Schleierkraut. Man erhält es das ganze Jahr über in Blumengeschäften.

Das Schleierkraut zerteilen und einfach in die Lücken zwischen die Äste stecken. Das Schleierkraut hält sich ein paar Tage. Jetzt nimmt man einen halben Meter kariertes Band und schneidet daraus kleine Streifen. Aus diesen bindet man an den Spitzen der Äste Schleifen. Den Topf oder Ständer des Baumes mit farbigem Kreppapier umhüllen und eine große Schleife darumbinden.

Will man einen altmodisch aussehenden Baum, dann läßt man Kugeln und Kerzen weg und beschränkt sich auf Spitzen, Bänder und Deckchen. Zuerst befestigt man ein paar Seidenblumen an den Ästen. Dann nimmt man ein breites weißes Spitzenband und zieht ein rosa Bändchen entlang der geraden Kante. Wie abgebildet, die Spitzen zu Rosetten um die Äste binden. Die rosa Bändchen hängenlassen.

In die Lücken steckt man ein paar Fächer, die aus runden Papierdeckchen gefaltet sind. An die Fächer heftet man kleine Schleifen. Den Topf des Baumes verkleidet man mit einfachem braunem Papier und verziert ihn mit einem großen Papierfächer, der aus einem rechteckigen Deckchen gefaltet ist.

Dieser Plätzchenschmuck wird aus dem folgenden Grundteig hergestellt: 250 g Mehl, 125 g Butter, 150 g Zucker und 2 Eidotter. Butter und Zucker schaumig rühren, Eidotter und Mehl dazugeben und alles zu einem festen Teig verkneten. 1 cm dick ausrollen und die gewünschten Formen ausstechen.

In jedes Plätzchen ein Loch stechen, damit später ein Faden durchgezogen werden kann. (Beim Backen schließt sich das Loch manchmal. Man muß dann sehr vorsichtig ein neues stechen.) Die Kekse auf ein eingefettetes Blech legen und 15 Minuten backen (180°, Gas Stufe 4).

Aus Puderzucker und Wasser einen steifen Zuckerguß rühren und die Kekse nach dem Erkalten damit bestreichen. Auf gewachste Fäden ziehen oder, falls das Loch groß genug ist, auf Bänder und an den Weihnachtsbaum hängen. Sie werden bestimmt nicht lange dort bleiben.

KLEINE SCHACHTELN

Kleine Schachteln sehen am Weihnachtsbaum sehr hübsch aus. Wenn Sie keine vorrätig haben, die nur verpackt werden müssen, können Sie leicht selbst welche basteln. Man zeichnet ein Kreuz auf: Der »Fuß« ist doppel so lang wie die Seitenteile und das obere Stück. An den Seiten je 1,5 cm zugeben, damit die Schachtel zusammengeklebt werden kann.

Alle Linien, wie auf der Abbildung zu sehen, falten. Den Würfel zusammenklappen und die Kanten festkleben.

Die Schachtel jetzt in hübsches Geschenkpapier wickeln. Mit einem Band und einer Schleife wie ein kleines Geschenk verzieren. Diese Päckchen an den Baum hängen oder darunterlegen.

MINIBÄUME

Eine lustige Baumdekoration, die man immer wieder verwenden kann. Den Baum und den Topf aus Pappe ausschneiden. Das Schnittmuster finden Sie auf Seite 124. Die Formen je zweimal aus verschiedenfarbigem Filz ausschneiden. Die Baumformen im Knopflochstich zusammennähen. Das »Stammende« offenlassen.

Den Baum mit Watte leicht ausstopfen. Den Topf mit Knopflochstich zusammennähen, die Oberkante offenlassen. Den Baumstamm in den Topf stecken und den Topf etwas mit Watte ausstopfen. Topf und Baum an den Seiten zusammennähen.

Eine kleine Schleife an den Topf nähen. Den Baum mit Flitter und Pailletten verzieren. Etwas Gold- oder Silberfaden unter dem Stern an der Baumspitze anbringen, damit man den Baum aufhängen kann.

Für den Würfel schneidet man ein Muster in Kreuzform zu. Das lange Stück ist doppelt so lang wie die anderen, die alle die gleiche Länge haben müssen. Diese Form aus Satin ausschneiden, dann ein Stückchen Vlieseline (zum Aufbügeln) 1 cm kleiner als den Satin schneiden. Aufbügeln und auch die Falten für die Seiten des Würfels einbügeln.

Den Würfel zusammennähen. Die Kante des Futters wird als Nählinie benutzt. Eine Kante offenlassen, damit man den Würfel dann auf rechts umstülpen kann.

Das Kästchen mit Schaumstoff füllen und die offene Kante zunähen. Mit Bändern und Schleifen verzieren und dann auf einen Ast des Weihnachtsbaums legen. Für ein rechteckiges Kästchen muß man nur die langen Balken des Kreuzes verlängern. Die runde Schachtel wurde fertig gekauft und mit Satin beklebt.

NIKOLAUSGESICHTER

Diese lustigen Nikolausgesichter erfreuen sicher alle Kinder und sind eine hübsche Weihnachtsbaumdekoration. Alle Teile aus Filz ausschneiden (Schnittmuster auf Seite 125) und das Gesicht auf einen Karton kleben. Wenn der Kleber trocken ist, das Gesicht ausschneiden.

Nun muß man nur noch die anderen Teile aufkleben. Die Nase und die Wangen kommen vor dem Schnurrbart.

Zwei dunkle Pailletten als Augen ankleben. Eine Fadenschlaufe unter den Kreis oben an der Mütze legen und festkleben. Das Gesicht aufhängen.

FALSCHE KUGELN

Wenn Sie für Christbaumkugeln nicht so viel Geld ausgeben möchten oder Ihren Baum einmal ganz anders als sonst schmücken wollen, dann basteln Sie einfach »falsche« Kugeln. Aus dünnem Karton ein paar Scheiben ausschneiden (Aufhängeschlaufe mitschneiden) und mit dem Bleistift die Muster aufzeichnen. Einfache Muster sind am wirkungsvollsten.

Jede Kugel mit mehreren Farben bemalen. Die einzelnen Farben immer ganz trocknen lassen, dann erst die nächste Farbe auftragen. Die einzelnen Farben durch schwarze Linien voneinander absetzen. Möglichst viel mit goldener oder silberner Farbe arbeiten.

Wenn die Kugeln trocken sind, Fäden oder Bändchen durch die Schlaufen ziehen, damit man die »falschen« Kugeln aufhängen kann.

KLING-GLÖCKCHEN

Wenn Sie keine Glöckchen für den Weihnachtsbaum haben, können Sie ganz leicht aus Folie, Perlen und etwas Schnur selbst welche basteln. Eine Untertasse auf eine Folie legen und mit einem Stift die Form aufzeichnen. Ausschneiden, die Scheibe zusammenlegen und an der Linie durchschneiden. Jede Hälfte zu einer Tüte rollen und die Kante festkleben.

Eine Perle auf gewachsten Faden fädeln und mit einem Knoten an ihrem Platz halten. Den Faden so neben die Glocke legen, daß die Perle als Klöppel in der richtigen Höhe hängt. Die doppelte Schnur durch das kleine Loch oben in der Glocke nach außen ziehen und eine Perle auffädeln. Die Perle mit einem Knoten befestigen. Die Perle verhindert, daß der Faden aus der Glocke rutscht.

Um die Unterkante der Glocke Klebstoff streichen und Flitter daraufstreuen. Je drei Glocken zusammen an einen Ring binden. Um die Fäden der drei Glocken Flitterband winden, mehrere Schleifen binden und die Glocken am Ring an den Weihnachtsbaum hängen.

LATERNCHEN

Diese Laternchen sind bei Kindern ein beliebter Christbaumschmuck. Ein quadratisches Papier mit Folienbeschichtung (11 cm) in der Mitte falten und mit dem Lineal 1,5 cm von den offenen Kanten entfernt eine Linie ziehen. Zu dieser Linie von der Faltkante her Striche in 1 cm Abstand markieren und das Papier entlang dieser Striche einschneiden.

Das Papier aufklappen und die beiden Seiten zusammenkleben. Wenn der Klebstoff getrocknet ist, die Laterne auf den Tisch stellen und vorsichtig daraufdrücken, so daß die Seiten sich nach außen wölben.

Einen Papierstreifen, 13 cm lang, 1 cm breit, schneiden. An jedes Ende ein wenig Klebstoff tupfen und den Streifen als Henkel an die innere Oberkante der Laterne kleben.

WEIHNACHTSSTERN

Ein glänzender Folienstern kann die Krönung eines Weihnachtsbaums sein. Ein Muster aus Karton ausschneiden. Die Anleitung auf Seite 23 beachten. Zwei Kartonquadrate schneiden (etwas größer als das Muster) und auf beiden Seiten mit verschiedenfarbiger Folie bekleben. Aus jedem beklebten Karton einen Stern ausschneiden.

Ein Lineal auf zwei gegenüberliegende Spitzen der Sterne legen und jeweils eine Linie bis zur Mitte ziehen. Die Sterne an diesen Linien einschneiden und an den Schnitten zusammenstecken.

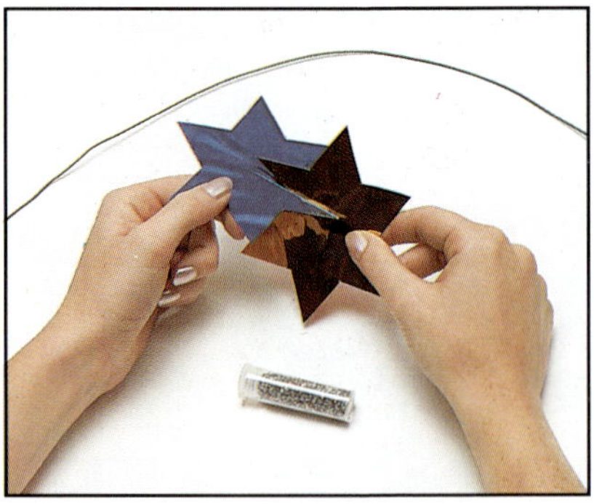

Ein Stück grünen Gärtnerdraht an einer der Doppelspitzen anbringen. Mit durchsichtigem Klebeband befestigen. Auf die Spitzen des Sterns Klebstoff streichen und Flitter daraufstreuen, damit der Stern besonders schön strahlt. Mit Blumendraht an der Spitze des Weihnachtsbaums befestigen.

ZAUBERFEE

Dies ist eine typisch englische Weihnachtsbaumdekoration, die aber auch in anderen Ländern verbreitet und beliebt ist. Mit Hilfe einer Untertasse zeichnet man einen Kreis auf eine Silberfolie (Bastelpapier). Ausschneiden und die Scheibe in der Mitte durchtrennen. Eine Hälfte zu einem Kegel drehen und mit einer Klammer befestigen.

Ein Stück rosa Pfeifenreiniger an der Rückseite des Kegels festkleben und dann zu Armen und Händen biegen. Ein dreieckiges Stück Papierdeckchen als Flügel auf den Rücken kleben. Für den Kopf verwendet man einen einfachen Tischtennisball. Er wird auf einen hölzernen Zahnstocher gespießt und der Zahnstocher in den Kegel gesteckt.

Die Haare macht man aus Angorawolle oder Stickgarn, das auf Gegenklebeband befestigt ist. Als Krone nimmt man ein Stückchen gestanzte Silberfolie. Das Gesicht mit einem dünnen Silberstift aufmalen. Als Zauberstab erhält die Fee einen silbern angemalten Zahnstocher mit Sternchen in die Hand.

NIKOLAUSSTIEFEL

Ein Schnittmuster für die Stiefel nach der Anleitung auf Seite 124 schneiden. In einem Stück doppelt ausschneiden (das Schnittmuster an die Faltkante des Filzes anlegen). Einen Streifen Fellimitat (5 cm breit) schneiden. Das Fell mit der Hand an den Filz nähen.

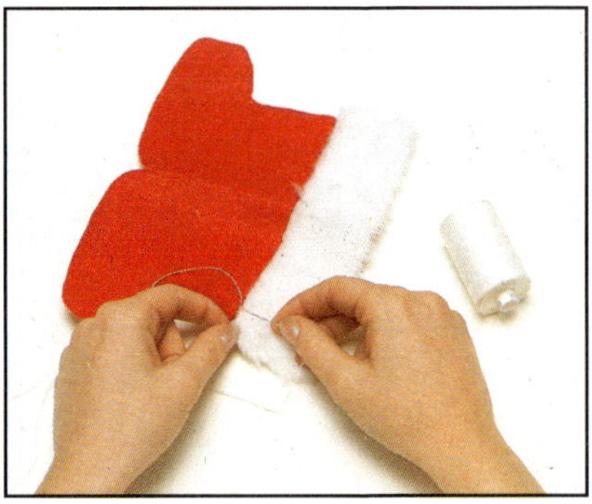

Den Stiefel rechts auf rechts legen und die beiden Hälften zusammennähen. Am Knöchel beginnen und zur Vorderseite hin arbeiten. Den Stiefel auf rechts drehen.

Das Fell 2,5 cm weit umschlagen und an der Kante mit ein paar Stichen festnähen. Den Stiefel mit Pailletten, Schleifen etc. verzieren. Ein Band hinten an die Oberkante nähen und den Stiefel aufhängen.

GLITZERSTERN

Diese Sterne kann man an die Wand oder an die Decke hängen. Ein Schnittmuster aus Papier anfertigen. Mit einem Winkelmesser und einem Lineal ein gleichseitiges Dreieck (alle Winkel haben 60 Grad) zeichnen. Das Dreieck ausschneiden und als Muster für ein zweites verwenden. Die Dreiecke in Sternform aufeinanderkleben. Mit diesem Muster Foliensterne ausschneiden.

Den Stern je dreimal an den gegenüberliegenden Spitzen zusammenfalten. Dann je dreimal in die entgegengesetzte Richtung falten, an den gegenüberliegenden inneren Winkeln. An jeder Spitze und in jedem Innenwinkel muß ein Falz zu sehen sein.

Der Stern nimmt jetzt leicht die »modellierte« Form an. Mit einer Lochzange oder einer dicken Nadel ein Loch in eine Zacke stechen. Einen Faden durchziehen und den Stern aufhängen.

FANTASIEKUGELN

Diese glänzenden Dekorationen stellt man aus Geschenkfolie her. Je acht Scheiben mit folgenden Durchmessern ausschneiden: 9 cm, 7,5 cm und 6 cm. Aus Karton zwei Scheiben mit 1,5 cm Durchmesser und vier mit 4 cm schneiden. Die größten Folienscheiben in Viertel falten und vier auf eine größere Kartonscheibe klammern.

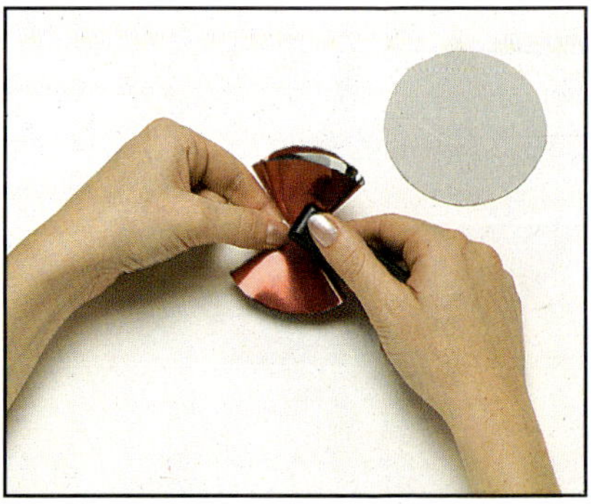

Die vier anderen Scheiben auf eine weitere Kartonscheibe klammern. Zwischen die beiden Kartonscheiben eine lange Schnur legen und die Scheiben zusammenkleben. Eine lange Schnur unten heraushängen lassen, daran werden zwei weitere Kugeln geklebt. Die Folienkugeln auseinanderziehen.

Zwei weitere Kugeln herstellen. Für die kleinen Folienscheiben nimmt man die kleinen Kartons als Mittelstücke. Die Kugeln jeweils gleich an die Schnur kleben.

GLOCKEN

Diese Dekoration kann man aus Aluminiumfolie, Seidenpapier, dünnem Karton oder Zeichenpapier herstellen. Sechs bis zwölf Glockenformen (je nach Papierart) ausschneiden. Jede Form der Länge nach falten.

Die Formen aufeinanderlegen, die Knicke sollen genau ineinanderpassen. Mit Nadel und Faden drei lange Stiche in der Mitte von oben nach unten machen. Dann zwischen jeden langen Stich einen kurzen setzen. Wieder oben an der Glocke angekommen, die Fäden verknoten.

Die Glocke Schicht für Schicht öffnen, bis sie rund ist. Statt der Glocke könnte man auch andere Formen wählen, zum Beispiel ein Herz, eine Kugel oder einen Baum.

FLITTER-GLOCKEN

Alles, was man braucht, ist etwas Gärtnerdraht, ein bißchen Flitterband und dazu noch ein paar Glaskugeln. Eine kleine Zange hilft, wenn man den Draht zurechtbiegt. Den Draht in Glockenform bringen. (Man kann sich später auch an kompliziertere Formen wagen.)

Flitterband mehrmals um den Draht wickeln, bis er völlig verdeckt ist.

Am Schluß eine Kugel als Klöppel an der Glocke befestigen. Immer zwei Glocken mit einer roten Schleife zusammenbinden.

SCHNEEFLOCKE

Sie können an Weihnachten Schnee haben, auch wenn draußen die Sonne noch warm scheint. Diese Schneeflocke aus Folie oder einfachem weißem Papier schneiden und ins Fenster hängen. Zuerst ein quadratisches Stück Papier zu einem Viertel der Größe falten, dann diagonal zur Hälfte und wieder, wie abgebildet, um die Hälfte.

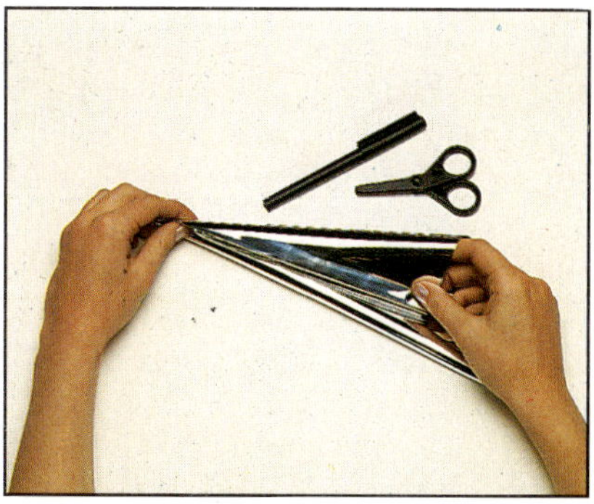

Ein Muster entwerfen und auf dem gefalteten Papier mit schwarzem Filzstift aufzeichnen. Die Teile, die weggeschnitten werden sollen, schraffieren. Dann die Schneeflocke ausschneiden. Wenn man sehr dünne Folie gewählt hat, klebt man die Flocke auf Papier und schneidet sie noch einmal aus. So kann man sie besser aufhängen.

Zum Schluß klebt man bunt schillernde Pailletten auf die Flocke. Je mehr Geduld man auf diese Arbeit verwendet, je mehr Pailletten aufgeklebt werden, desto besser wird die Schneeflocke aussehen.

ACHTZACKIGER STERN

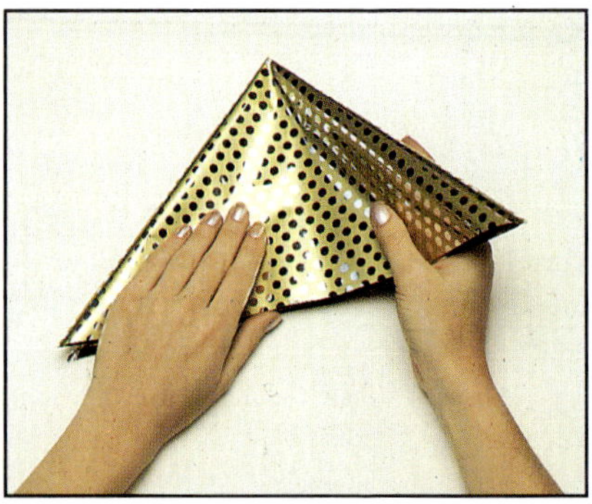

Einen großen Stern aus Folie kann man von der Decke pendeln lassen oder ans Fenster hängen. Den Stern erst mit einfachem Papier ausprobieren, da die Arbeit etwas knifflig ist. Ein Stück Folie (45 x 45 cm) ausschneiden. Von Ecke zu Ecke falten, noch zweimal falten, bis ein kleines Dreieck entstanden ist.

Die einfache Faltkante zur dreifachen Faltkante knicken. Wieder auffalten und mit dem Lineal je eine Linie von den Ecken zur Mittellinie ziehen. An diesen Linien entlangschneiden.

Wieder am Kniff zusammenklappen, mit dem Lineal zwei weitere Linien ziehen und, wie auf der Abbildung zu sehen, ein Dreieck ausschneiden. Jetzt die Spitze kappen und den Stern öffnen. Den Stern auf eine andersfarbige dicke Folie kleben. Den Stern sorgfältig ausschneiden, wenn der Klebstoff getrocknet ist. In die Mitte eine Rosette setzen.

SILBERGLOCKEN

Zwei Glockenformen (Muster siehe Seite 125) aus Karton ausschneiden. Von silberner Klebefolie die Schutzfolie abziehen und die beiden Kartonformen fest auf die Klebefolie pressen. Ausschneiden.

Die Schlaufen der Glocken zusammenkleben. Die Glocken, wie auf dem Bild zu sehen, auseinanderziehen.

Ein Geschenkband kräuseln (über die stumpfe Seite einer Schere ziehen) und an die Glocke kleben. Ein breites Band durch die Schlaufe ziehen und zu einer großen Schleife binden. Kleine Folienvögel auf die Glocken kleben. Das Muster für die Vögel überlagert sich mit dem Muster der Glocken.

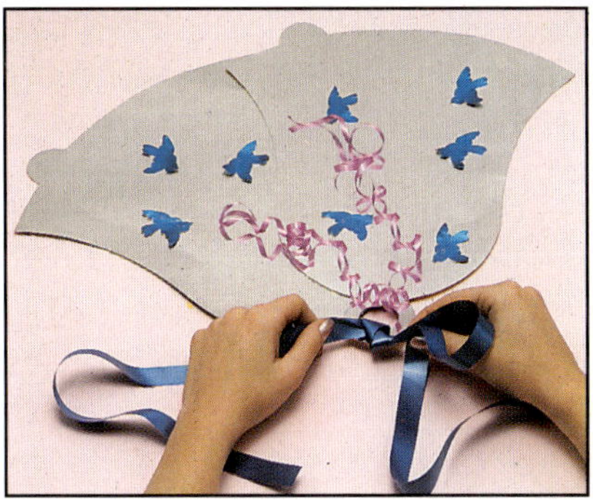

FILZ-CHRISTBAUM

Dieser Wandschmuck ist für alle die gedacht, die keinen Platz oder keine Möglichkeit haben, einen echten Baum aufzustellen. Zuerst ein Muster aus Papier schneiden, etwa 75 cm hoch und an den beiden unteren Zweigen 59 cm breit. Für den Topf ebenfalls ein Muster schneiden, etwa 25 cm hoch. Er soll so breit sein wie der »Fuß« des Baums und einen 8 cm breiten, doppelten Rand haben.

Das Baummuster zweimal aus grünem Filz ausschneiden, das Topfmuster zweimal aus rotem. Für Baum und Topf Wattierstoff zurechtschneiden. Das Stück für den Topf etwa 4,5 cm kürzer schneiden, da der Topfrand nach unten geklappt wird. Auf der Vorderseite diagonale Linien für die Zweige aufzeichnen (siehe Abbildung).

Die drei Baumteile aufeinanderlegen, die Wattierung liegt oben. Feststecken und 1 cm von der Kante entfernt zusammennähen. Die untere Kante offenlassen. Die Ecken kurz abschneiden und den Baum auf die rechte Seite stülpen. An den markierten Linien entlangnähen. Den Topf wie den Baum zusammennähen. 4 cm von oben her offenlassen. Wenden, den Baum hineinstecken und festnähen. Den Rand umklappen und den Topf zunähen.

Aus rotem Filz Täschchen ausschneiden und, wie abgebildet, auf den Baum aufnähen. Kleine Geschenke in die Täschchen stecken, entweder echte oder in Geschenkpapier eingewickelte Kartonstücke.

Zum Schluß noch viele Glöckchen und Bänder annähen. Man kann auch Vorhangringe mit Bändern umwickeln und auf den Baum nähen. An die Spitze des Baumes eine Schlaufe zum Aufhängen nähen.

Diese ungewöhnliche Dekoration gibt einem Spiegel oder einem Bilderrahmen eine festliche Note. Man fertigt sie in zwei Teilen an, einmal den horizontalen und einmal den vertikalen Teil. Man benötigt künstliche Efeublätter, Farnwedel und andere Blätter, dazu Tannenzapfen, Goldkugeln und goldenes Kräuselband. Alle Teile, wie abgebildet, an Blumendraht binden.

Für das Oberteil nacheinander alle Stücke aufeinanderlegen und die Drähte mit Klebeband verbinden. Das Gebilde sollte ziemlich lang und schmal werden.

Beim Unterteil ebenso vorgehen, aber das Arrangement etwas voller arbeiten. Die fertigen Teile so halten, wie sie auf dem Spiegel oder Rahmen sitzen sollen. Mit Draht verbinden. Die Hauptdrähte so nach unten biegen, daß sie über den Rahmen reichen und das Arrangement an seinem Platz halten.

HERZLICH WILLKOMMEN

Diesen Kranz hängt man in der Weihnachtszeit als Willkommensgruß für die Gäste an die Eingangstür. Man biegt einen Drahtkleiderbügel zu einem Kreis. Den Haken zu einer Schlaufe formen.

Jetzt kleine Fichtenzweige, Stechpalmen- und andere Blätte mit Draht zu Büscheln binden. Die Büschel am Drahtreif befestigen. Seien Sie vorsichtig beim Umgang mit Stechpalmen. Manche Leute zeigen im Verletzungsfall heftige allergische Reaktionen. In einer Richtung arbeiten, bis der Draht ganz umhüllt ist.

Ein paar Tannenzapfen mit Draht am Kranz befestigen. Mit gekräuseltem rotem Geschenkband ein paar Farbtupfer auf den Kranz bringen. (Rotes Band über die stumpfe Kante der Schere ziehen.) Rote Stechpalmenbeeren sehen sehr hübsch aus, fallen aber rasch ab und müssen oft ersetzt werden. Als Abschluß eine große rote Schleife an den Kranz binden.

Getrocknete Blumen und Blätter kann man zu schönen Kränzen verarbeiten, die jahrelang halten. Man kann die Basis für solch einen Kranz selbst machen. In Blumenfachgeschäften erhält man jedoch für wenig Geld stabile Weidenkränze wie den oben abgebildeten.

Viele getrocknete Blumen, entweder einzeln oder in Sträußchen, auf einem Draht befestigen. Reichlich Draht überstehen lassen, damit man die Blumen in den Kranz stecken kann. Hier wurden Strohblumen, Schafgarbe und Lavendel verwendet.

Tannenzapfen kann man unten mit Draht umwickeln. Kleine Zapfen wirken an einem Kranz am besten. Wenn Sie den Kranz zu einer Zeit des Jahres stecken wollen, in der es keine Tannenzapfen im Wald gibt, dann kaufen Sie welche in Blumen- oder Bastelgeschäften.

Manche Trockenblumen kann man schon am Draht kaufen, sie sind dann aber teuer. Die Arbeit wird andererseits einfacher. Wenn alle Teile vorbereitet sind, beginnt man, sie mit den Drähten am Kranz zu befestigen. Immer in eine Richtung arbeiten.

Manche Blumenköpfe sind sehr empfindlich und brechen leicht ab. Passiert dies, dann tupft man etwas Klebstoff auf die Rückseite und klebt die Blüten einfach auf den Kranz. Gehen Ihnen die Trockenblumen aus oder wollen Sie nicht soviel Geld ausgeben, dann kann man Heidekraut aus dem Garten mit einarbeiten. Es trocknet im Laufe der Zeit im Kranz.

BAUM AUS BÄNDERN

Wenn Sie keinen Platz für einen richtigen Weihnachtsbaum haben, ist dieser eine gute Alternative - klein, aber eindrucksvoll. Einen mittelgroßen Blumentopf (15 cm ∅) bis 2,5 cm unter den Rand mit Holzkitt oder schnell trocknendem Zement füllen. Wenn die Masse beginnt, fest zu werden, einen Holzstab, 1,5 cm dick und 40 cm hoch, hineinstecken.

Wenn die »Füllung« trocken ist, werden Stab, Topf und »Erde« golden gefärbt. Den Topf umlegen, einsprühen und nach dem Trocknen wenden. Man wird das Ganze mehrmals färben müssen.

Eine Kugel aus Steckschwamm (mit einem Durchmesser von mindestens 12 cm) auf die Spitze des Stabes stecken.

Kurze Stücke von grünem Satinband, tiefrotem Satinband, Goldband, glänzende Kugeln und Goldflitter an Gärtnerdraht befestigen, so daß man den Draht in den Schwamm stecken kann.

Jetzt die Bänder und die Kugeln an die Baumkugel stecken, bis von dem Schwamm nichts mehr zu sehen ist. Dann Kräuselband auf Draht wickeln und unten an die Kugel stecken. (Das Band über die stumpfe Kante einer Schere ziehen.) Goldflitter um den Stamm wickeln und eine große rote Schleife um den Topf binden.

Es macht Spaß, die kleinen Tannenbäume zu dekorieren. Auf einem Beistelltisch neben der Weihnachtstafel oder inmitten eines leckeren Weihnachtsbuffets verbreiten sie eine festliche Atmosphäre. Für den goldenen Baum fertigt man Schleifen aus schmalem Goldband an. Eine Schnur aus Goldperlen schlingt man, von oben beginnend, spiralförmig um das Bäumchen. In den Zwischenräumen werden dann die Schleifen befestigt.

Um den Topf wird ein kariertes Band gelegt und an den Enden festgeklebt. Aus demselben Band eine Schleife binden und mit einer Stecknadel oder Klebstoff auf dem Band am Topf befestigen.

Für den roten Weihnachtsbaum nimmt man ein schmales rotes Band und schneidet es in Stücke von 15 cm Länge. Daraus bindet man Schleifen und verteilt sie, wie oben abgebildet, auf dem Bäumchen.

Ein paar kleine rote Schmuckkugeln an die Zweige binden. Ist das Bäumchen sehr dicht, kann man sie einfach zwischen die Zweige stecken. Um den Topf wird eine breite rote Schärpe geschlungen und zu einer großen Schleife gebunden.

SCHONE AUSSICHT

Ist das Wetter in der Vorweihnachtszeit grau und trübe, dann verschönern Sie die Aussicht aus Ihrem Fenster durch »bunte Glasbilder«. Die »Fenster« bestehen aus schwarzem Tonpapier und buntem Transparentpapier. Aus dem schwarzen Papier ein Rechteck (38 x 30 cm) ausschneiden. Einen 3,5 cm breiten Rand aufzeichnen. Das Motiv vorzeichnen und darauf achten, daß es stets mit dem Rahmen in Verbindung ist.

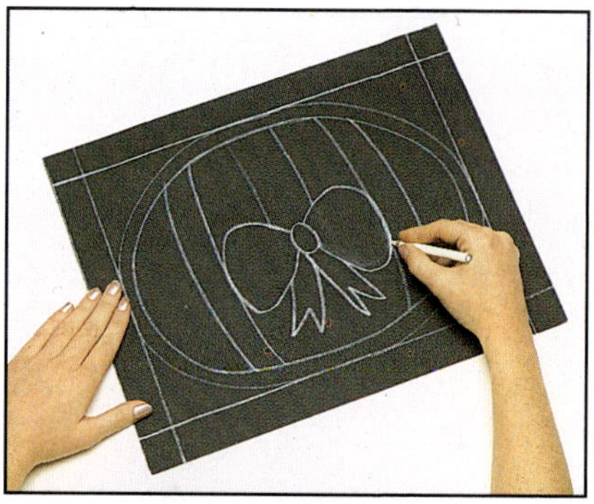

Dann alle Teile des Bildes herausschneiden, die bunt werden sollen. Aufpassen, daß man die schwarzen Teile nicht versehentlich vom Rahmen abtrennt.

Jetzt Transparentpapier auf die Rückseite kleben. Am Anfang nimmt man am besten nur eine Farbe; wenn man schon mehr Routine besitzt, kann man Bilder aus mehreren Farben zusammenstellen. Das Bild sachte an die Fensterscheibe kleben und die Wirkung begutachten, wenn das Licht hindurchfällt.

WEIHNACHTSGITTER

Will man seine Weihnachtsgrüße alle aufhängen, so gibt dies manchmal Platzprobleme. Hier ist eine einfache Lösung für das Problem, und man erhält gleichzeitig einen weihnachtlichen Wandschmuck. Man nimmt ein Stück fertiges Gartenspalier und zieht es auseinander. Mit Goldfarbe einsprühen.

Während das Gitter trocknet, ein paar hölzerne Wäscheklammern auf Zeitungspapier legen und ebenfalls golden besprühen. Man muß sie mehrmals wenden, bis sie von allen Seiten golden glänzen.

Wenn das Gitter getrocknet ist, windet man dickes Flitterband wie einen Rahmen außen herum. Das Gitter an der Wand aufhängen und die Weihnachtskarten mit den Wäscheklammern an dem Gitter befestigen.

GIRLANDE AUS KARTEN

Dies macht Spaß, und man kann aus all den Weihnachtskarten, die man bekommt, einen hübschen Zimmerschmuck basteln. Man nimmt nur drei Geschenkbänder in den Farben Rot, Grün und Gold und flicht daraus einen festen Zopf. An beiden Enden verknoten.

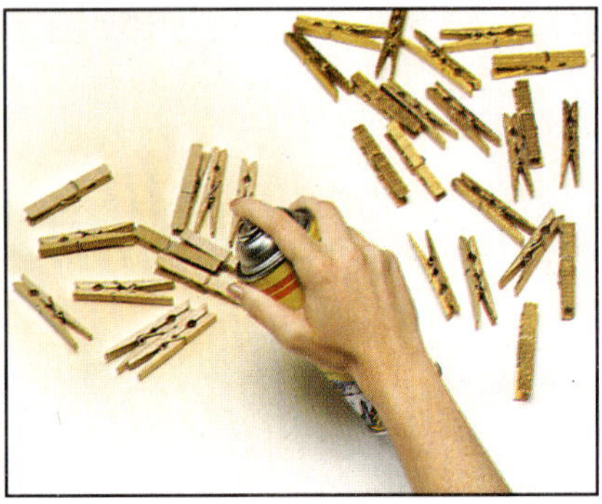

Jetzt nimmt man hölzerne Wäscheklammern und legt sie auf eine dicke Lage Zeitungspapier. Dann besprüht man die Klammern von allen Seiten mit Goldfarbe. Gründlich trocknen lassen.

Das geflochtene Band an der Wand befestigen und die Weihnachtskarten mit den goldenen Klammern daranhängen. (Wem das besser gefällt, der kann statt der einfachen Bänder auch ein Flitterband verwenden.)

WEIHNACHTSGIRLANDE

Diese einfache, glänzende Girlande hängt man in der Weihnachtszeit auf. Will man solch eine Girlande für eine Geburtstagsparty basteln, ersetzt man einfach die Glocken durch Päckchen und schneidet die Bäume in Pastellfarben. Die Formen schneidet man aus Karton, der mit Glanzfolie überzogen ist. Man zeichnet sie auf der linken Seite auf und schneidet sie mit einer scharfen Schere aus.

Mit einer dicken Nadel ein Loch oben in jedes ausgeschnittene Stück stechen. Goldfarbene Schnur oder Golddraht durchziehen und die Formen an ein langes Flitterband binden. Auf gleichmäßige Abstände achten. An der Spitze jeder Glocke eine kleine Goldschleife anbringen, auf die Bäume einen kleinen Stern kleben.

FOLIENKETTE

Mit leuchtend buntem Folienpapier kann man die traditionelle Papierkette abwandeln. Zuerst schneidet man eine ganze Anzahl bunter Folienstreifen, etwa 18 x 3 cm, aus. Die Enden des ersten Streifens mit Gegenklebeband verbinden (das geht schneller und sauberer als mit flüssigem Kleber), so daß das erste Kettenglied entsteht.

Den nächsten Streifen einfach durch den Ring fädeln und zusammenkleben. So weitermachen, bis die Kette die gewünschte Lage erreicht hat. Bei den Farben immer abwechseln.

KREPPAPIERKETTE

Diese einfache Kette hat man in ein paar Minuten gemacht. Man braucht nur Kreppapier in zwei verschiedenen Farben und etwas Klebstoff. Von jeder Krepprolle einen Streifen von 7,5 cm Breite abschneiden. Die beiden Enden der Streifen im rechten Winkel übereinanderlegen und zusammenkleben (siehe Abbildung).

Den unteren Streifen über den oberen falten. Dann den rechten Streifen, wie auf der Abbildung zu sehen, über den linken legen.

Das ist alles, was zu tun ist: nur abwechselnd die Kreppapierstreifen übereinanderklappen, bis das Ende des Papiers erreicht ist. Die Enden zusammenkleben und überstehende Stückchen abschneiden.

WACHSENDE KREISE

Diese hübsche Girlande besteht aus bunten Seidenpapierscheiben. Zuerst schneidet man 2 Scheiben aus Karton und viele aus Seidenpapier, alle mit 10 cm Durchmesser. Etwa 10 Seidenpapierscheiben aufeinanderlegen und zweimal falten (siehe Abbildung).

Nun, wie auf der Abbildung zu sehen, zwei gebogene Schnitte von der einfachen Kante bis fast zur doppelten Kante führen. Die Scheiben öffnen. Die Mitte einer Seidenpapierscheibe auf die Mitte einer Kartonscheibe kleben.

Eine zweite Seidenpapierscheibe oben und unten an die erste kleben. Die dritte Scheibe auf die Mitte der zweiten kleben. Mit diesem Klebesystem fortfahren. Einmal in der Mitte und einmal oben und unten kleben. Die Reihenfolge genau einhalten, da die Girlande sonst unregelmäßig wird. Die letzte Seidenpapierscheibe auf die zweite Kartonscheibe kleben.

Eine weitere Girlande aus Seidenpapier, die leicht nachzuarbeiten ist. Ein Muster aus Karton nach der Vorlage auf Seite 124 ausschneiden. Auf buntem Seidenpapier viele Blüten ausschneiden.

Etwas Kleber (am besten mit Klebestift) auf jedes zweite Blütenblatt der ersten Blume geben und die zweite Blume daraufpressen.

Jetzt Kleber auf die Blütenblätter geben, die vorher ausgelassen wurden, und eine dritte Blume auf die zweite pressen. Mit diesem Klebesystem weitermachen, bis die Girlande lang genug ist. An jedes Ende der Girlande eine Blume aus Karton kleben. An diese zwei Schlaufen aus Schnur kleben, damit man die Girlande aufhängen kann.

Für die ganz »Süßen« eine Girlande aus Bonbons, die man noch essen kann, wenn das Fest schon längst vorbei ist. Man nimmt ein Band (135 cm lang) und markiert die Mitte. Dann schneidet man drei kürzere Bänder (je 112 cm) und schlingt sie zu Schleifen, wie abgebildet. Die Enden der Bänder zu zwei Spitzen schneiden.

Die Schleifen mit Klebeband an den Enden und in der Mitte des langen Bandes befestigen. Mit Silberfaden je ein paar Silberkugeln von der Mitte der Schleifen hängen lassen. (Die Kugeln in verschiedenen Höhen aufhängen.) Die Silberfäden in der Mitte der Schleifen festkleben und den Ansatz mit einer selbstklebenden Rosette verdecken.

Ein paar bunt eingewickelte Bonbons mit Silbersternchen verzieren. Die Bonbons zwischen den Schleifen in einer Reihe auf das Band legen. Die Bonbons jeweils mit einem Stückchen Gegenklebeband auf dem Band befestigen. Zum Schluß einige Vorhangringe an die Rückseite der Girlande nähen, damit man sie aufhängen kann.

Für die Rosetten benötigt man einen Kreis (10 cm ∅) aus silberfarbenem Karton. Man nimmt ein Band (80 cm), faltet es in der Mitte zusammen und klebt es auf die Mitte des Kartons. Die Enden des Bandes zu zwei Spitzen schneiden. Die Bonbons, wie abgebildet, ringförmig auf den Karton kleben. In der Mitte eine Rosette anbringen. Zum Aufhängen der Rosette einen Vorhangring an der Rückseite ankleben.

Nicht nur beim schönsten Fest des Jahres empfiehlt es sich, Wert auf einen festlich gedeckten Tisch zu legen. Geburtstage, Hochzeitstage, eine »große« Einladung - der äußeren Aufmachung der Tafel sollte man besondere Bedeutung zumessen, denn das Auge »ißt« ja bekanntlich mit. Sie können bei besonderen Gelegenheiten kleine Geschenke neben den Teller legen. Sie müssen weder teuer noch aufwendig sein, sie sind nur eine kleine Aufmerksamkeit und eine Erinnerung an diesen Tag. Selbstgemachte Knallbonbons sind originell, Pralinen und andere Süßigkeiten sind beliebt bei großen und kleinen Leckermäulern.

Dieser Weihnachtstisch ist ganz in Rot und Grün gehalten, der Weihnachtsbaum ist das immer wiederkehrende Motiv, von den Tischkärtchen bis zum Kuchen. Als Überraschungen gibt es selbstgemachte Knallbonbons in Grün und Rot und Miniaturstiefel, in denen ein kleiner Schokoladenteddy oder Nikolaus steckt.

WEIHNACHTSBAUMKUCHEN

Dieser festliche Kuchen wird bei einer weihnachtlichen Kaffee- oder Teegesellschaft viel Beachtung finden. Der Kuchen selbst wird nach dem eigenen Rezept in einer Backform in Christbaumform gebacken. Am einfachsten überzieht man den Kuchen mit fertigem Fondant. Der Fondantblock wird zu einer Kugel verarbeitet und etwas grüne Speisefarbe hineingeknetet.

Auf einer kalten Unterlage dünn ausrollen. Die Unterlage zuerst mit Puderzucker bestreuen, damit der Fondant nicht festklebt.

Den Fondant vorsichtig auf einem Wellholz aufrollen und dann über dem Kuchen wieder abrollen. Den Überzug um den Kuchen drücken. Die Hände müssen immer feucht sein, so daß man rasch eventuelle Risse glätten kann.

Jetzt Reihen aus kleinen eßbaren Kugeln auf den Kuchen drücken, so daß der Eindruck von Girlanden entsteht.

Kleine rote Schleifen auf den Kuchen legen. (Man kann sie mit Stecknadeln befestigen, muß aber aufpassen, daß alle Nadeln vor dem Servieren entfernt werden.)

Auf den Stamm des Baumes legt man ein paar kleine »Geschenke«, zum Beispiel Christbaumdekorationen.

Zum Schluß werden noch kleine rote Wachskerzen am Rand des Kuchens in den Fondant gedrückt.

— GOLD- UND SILBER-KNALLBONBONS —

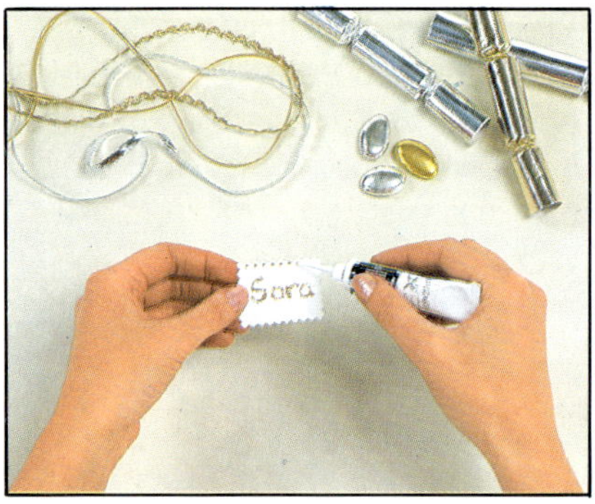

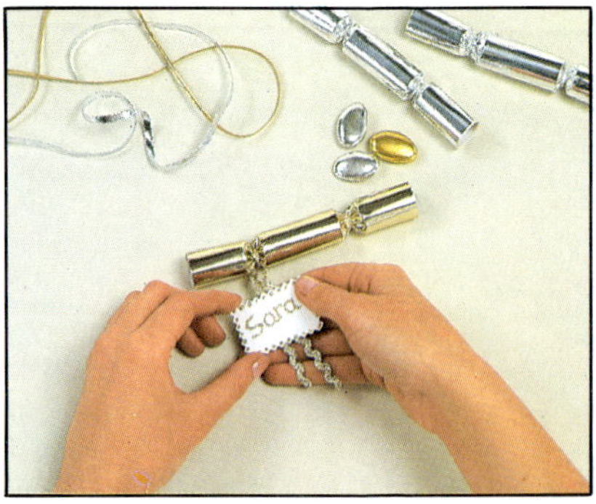

Diese hübschen Miniaturknallbonbons sind ein attraktiver Tischschmuck, und die Süßigkeiten kann man am Ende des Mahls zum Kaffee anbieten. Für die Namensschildchen schneidet man Quadrate und Rechtecke aus weißem Karton aus. Die Ränder kann man hübsch beschneiden und mit Gold- oder Silberfarbe verzieren. Die Namen ebenfalls in Gold oder Silber schreiben.

Goldene oder silberne Bänder in 15 cm lange Stücke schneiden. Jeweils ein Stück um je ein Ende eines Knallbonbons binden. Auf die Rückseite der Namensschildchen etwas Kleber geben und die Schildchen auf die Bänder drücken.

Auf einen großen Teller ein Deckchen aus Goldpapier legen und die Knallbonbons darauf stapeln. Die mit den Namensschildchen nach oben legen. Zuletzt verteilt man Gold- und Silberdragees um die Knallbonbons herum.

Ein Hauch von Gold verleiht diesem Teller mit Obst und Nüssen eine gewisse Pracht. Zuerst werden Efeublätter, Clementinen, Lorbeerblätter und Tannenzapfen mit Goldfarbe besprüht. (Sollen die Früchte gegessen werden, muß man darauf achten, daß die Farbe ungiftig ist.)

Die Efeublätter werden um den Rand einer ovalen Platte gelegt. Je flacher die Platte ist, desto besser. Man kann die Blätter dann leichter überhängen lassen.

Die Clementinen auf die Platte legen, mit Datteln und Nüssen umgeben und auf die Clementinen eine blaue glänzende Weintraube legen. Zum Schluß die goldenen Blätter und Tannenzapfen auf den Früchten und Nüssen verteilen.

ZUCKERFRÜCHTE

Dieser Tischschmuck ist so beeindruckend, daß er für festliche Anlässe bestens geeignet ist, und doch ist er einfach herzustellen. Jede Frucht wird mit Eiweiß bestrichen.

Die Früchte dann über einen großen Teller halten und mit Zucker bestreuen, bis sie ganz umhüllt sind. Man kann die Früchte auch in eine Schüssel mit Zucker tauchen. Dabei wird der Zucker allerdings leicht klumpig.

Aus Efeublättern wird ein dekorativer Rand gebildet. Sollen die Früchte gegessen werden, müssen sie durch ein Papierdeckchen von den giftigen Efeublättern getrennt werden.

MARZIPANFRUCHT-PÄCKCHEN

Exquisite Marzipanfrüchte verdienen eine besondere Präsentation. In kleine Seidenpapiernester gebettet und auf einer Kuchenplatte angerichtet, ergeben sie einen bunten Tischschmuck. Alles, was man dazu braucht, sind ein paar Bogen Seidenpapier in unterschiedlichen Farben und eine Zackenschere. Statt der Marzinpanfrüchte kann man auch Pralinen oder kandierte Maronen nehmen.

Aus einer doppelten Lage Seidenpapier ein Quadrat (10 cm) ausschneiden. Mit einer Zackenschere kann man die Kanten hübsch verzieren. Aus einem andersfarbigen Seidenpapier ein kleineres Quadrat (6 cm) ausschneiden.

Das kleinere Quadrat auf das größere legen. Eine Marzipanfrucht in die Mitte geben und das Papier um die Frucht nach oben drücken. Ein paar Sekunden festhalten und dann loslassen. Das Seidenpapier behält die Rosettenform. Mehrere solcher Päckchen auf eine Kuchenplatte aus Glas oder Porzellan verteilen. Auf die Platte ein Papierdeckchen legen.

HANDBEMALTER OBSTKORB

Obst wird sehr oft als Tischschmuck verwendet. Hier wurde ein interessanter Effekt erzielt, indem man einen einfachen Korb in den Farben der Früchte bemalt hat, die er enthält. Der Korb wird innen und außen mit Wasserfarbe bemalt. Diese Untergrundfarbe gut trocknen lassen.

Einen kleinen Schwamm in eine Untertasse tauchen, in die eine zum Untergrund kontrastierende Farbe gefüllt wurde. Den Schwamm ein paarmal auf ein Löschpapier tupfen, damit die überschüssige Farbe abgestreift wird. Mit dem Schwamm über die Außenseite des Korbes streichen.

Die Früchte, wie abgebildet, in den Korb schichten. Ein paar grüne Blättchen als Kontrast dazugeben. Auf dem Bild sind Clementinen zu sehen. Man kann aber ebensogut Äpfel, Bananen oder andere Früchte verwenden.

EFEU-KERZENSTÄNDER

Dieser elegante Kerzenständer ist der ideale Tischschmuck für eine besondere Einladung zu Weihnachten. Eine runde Kuchenplatte dient als Boden für das Arrangement. Zuerst werden Efeuzweige um die Platte gewunden und mit Stecknadeln befestigt.

Man fügt so lange neue Efeuzweige hinzu, bis nur noch eine kleine Stelle in der Mitte der Platte frei ist. Zwischen die Efeublätter werden Freesien gesteckt, so daß sich ein eleganter Farbkontrast ergibt.

Die Mitte des Arragements wird aus weißen und grünen Kerzen gebildet. Sie sollen von unterschiedlicher Höhe sein. Die Kerzen befestigt man mit einem Tropfen Klebstoff oder mit Plastilin.

HÄNGENDER IMMERGRÜN-KRANZ

Der festliche Kranz ist ideal, wenn auf dem Tisch nur wenig Platz ist. Man kann ihn von einem Haken an der Decke über den Tisch hängen lassen. Von einem Drahtkleiderbügel wird der Haken abgeschnitten und der Bügel zu einem Kreis gebogen. Um den Drahtring bindet man mit Hilfe von Blumendraht feuchtes Moos, bis der Kranz etwa 5 cm dick ist.

Man nimmt ein paar buschige Zweige Immergrün, zum Beispiel Thuja, und arrangiert sie so um den Mooskranz, daß dieser ganz bedeckt ist. Die Zweige so anordnen, daß kahle Stiele versteckt werden. Die Zweige mit Gärtnerdraht oder -zwirn festbinden.

Ein paar Stechpalmenzweige hinzufügen und mit Draht festbinden. Wenn die Zweige nur sehr wenige Beeren haben, kann man ein paar »falsche« Beeren dazugeben.

Zum Aufhängen benötigt man zwei lange Satinbänder. Jedes Band soll zweimal die Länge von der Zimmerdecke bis zu der Höhe haben, in der der Kranz hängen soll. Dazu kommen noch 20 cm, damit die Bänder um den Kranz geschlungen werden können. Die vier Enden der Bänder so um den Kranz binden, daß je zwei gegenüberliegen und die Bänder sich überkreuzen.

Aus weiteren Satinbändern vier Schleifen binden und diese jeweils auf die Knotenstellen der Bänder an den Kranz stecken.

Durch vier rote Kerzen vorsichtig jeweils ein Stück Gärtnerdraht stecken, etwa 1,5 cm vom unteren Rand entfernt, wie in der Abbildung gezeigt.

Zwischen zwei Schleifen eine Kerze stecken und mit dem Draht am Kranz festbinden. Um den Kranz aufzuhängen, schlingt man ein Stück Satinband um die langen Bänder, so daß oben eine Schlaufe entsteht. Das Band schlingt man zu einer Schleife.

Dieses »Gewirr« von Bändern und Blüten sieht ganz bezaubernd aus. Das hier abgebildete Gesteck ist in Pink und Weiß gehalten, man kann aber jede beliebige Farbe wählen. Als erstes braucht man eine Keksdose. Sie wird mit Silberfolie verkleidet. An der Oberkante etwas Folie überstehen lassen, nach innen biegen und festkleben. Mit Bändern verzieren.

Ein Stück Steckschwamm in die Dose legen. Den Schwamm so zurechtschneiden, daß er die Dose ganz ausfüllt.

Kleine Kugeln, Seidenblumen, Bänder und Kreppapierstreifen auf Gärtnerdraht befestigen. Die Bänder über die stumpfe Kante einer Schere ziehen, damit sie sich kräuseln. Den Draht in den Schwamm stecken. So viele Bänder und Blumen hineinstecken, bis die ganze Dose gefüllt ist. Viele Bänder an den Rand der Dose stecken und über die Seiten herunterhängen lassen.

KERZENHALTER

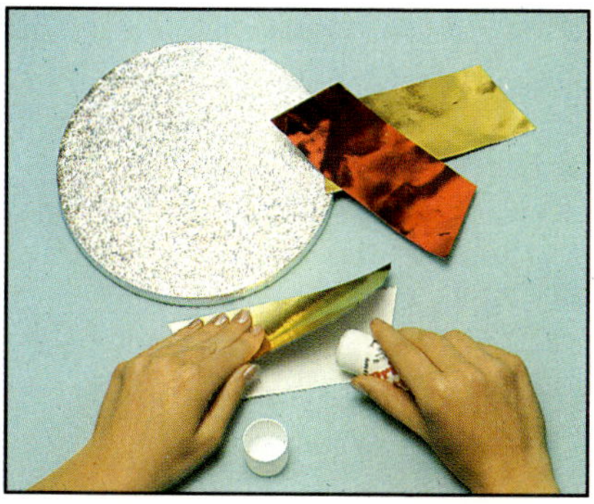

Dieser Kerzenhalter ist ganz einfach zu machen, wenn Sie begriffen haben, wie die Tüten gerollt werden. Man braucht Bastelfolie in zwei Farben. Viele Vierecke ausschneiden, die oben 16,5 cm, unten 12,5 cm lang und 6 cm hoch sind. Je zwei Vierecke mit verschiedenen Farben zusammenkleben.

Aus den Vierecken Tüten formen (siehe Abbildung). Die ersten werden noch nicht so perfekt aussehen, aber das ist nicht schlimm. Man kann sie außen am Rand anbringen, dann werden sie fast verdeckt. Sie werden bald Routine bekommen. Die Unterkante der Tüten umbiegen. Das macht die Tüten stabiler und sieht ordentlicher aus.

Am Rand eines silbernen Kuchentellers (20 cm ∅) beginnt man mit einer Tütenreihe. Zwei weitere Reihen auf die erste kleben und soviel Platz lassen, daß in die Mitte eine dicke Kerze paßt.

KERZENGESTECK

Diese Art von Gesteck sieht wesentlich komplizierter aus, als sie tatsächlich ist. Man muß nur alles bereitlegen, bevor man mit der Arbeit beginnt. Dazu braucht man einen Ring aus Steckschwamm, der auf einem Plastikring sitzt (beim Floristen erhältlich), und drei Kerzenhalter aus Plastik, die man in den Schwamm steckt.

Dann benötigt man Stechpalmenzweige, Efeu, Farn (frisch oder aus Plastik) und eine Auswahl an Trockenblumen. Blumen mit kleinen Blüten sind am besten geeignet. Von Zweigen und Blumen immer kleine Büschel abbrechen und einfach in den Schwamm stecken. Versuchen Sie, die Blumen gleichmäßig zwischen dem Laub zu verteilen.

Ist das Gesteck fertig, dann setzt man die Kerzen in die Kerzenhalter ein. Falls man frische Blätter verwendet hat, muß der Steckschwamm immer feucht gehalten werden.

Zu Weihnachten kann man Tisch oder Sideboard festlich gestalten. Dieses Gesteck ist hell und freundlich, die Zutaten sind leicht erhältlich. Wenn Sie keine Rinde aus dem Wald holen können, kaufen Sie welche im Blumengeschäft. Man braucht noch einen Kerzenhalter aus Plastik. Auf die Rinde drückt man einen Klumpen grüner Modelliermasse, in die der Kerzenhalter gesteckt wird.

Dann sprüht man ein paar Farnwedel aus Plastik oder Seide mit Goldfarbe ein. Ist die Farbe trocken, bricht man Teile des Farns ab und steckt sie in die Modelliermasse. Rote Bänder, Tannenzapfen und rote Kugeln auf Draht befestigen und ebenfalls in die Masse stecken.

Wenn die Modelliermasse kunstvoll versteckt ist, befestigt man eine rote Kerze in dem Halter und stellt das Gesteck auf den vorgesehenen Platz. Wenn Sie empfindliche Möbel haben, legen Sie ein Deckchen unter, da die Rinde Kratzer verursachen könnte.

GLITZERBAUM-SET

Dieses glitzernde Set ist der absolute Renner einer Weihnachtstafel. Zuerst werden die Umrisse eines Weihnachtsbaums auf die Rückseite eines grünen, glänzenden Kartons gezeichnet. Der Baum sollte etwa 10 cm länger und 20 cm breiter als der daraufstehende Teller sein. Den Baum mit einem Federmesser und mit Hilfe eines Stahllineals ausschneiden.

Mit Klebstoff kleine Kugeln auf den Spitzen des Baumes befestigen.

Einen fertigen Stern auf die Spitze des Baumes kleben oder selbst einen Stern ausschneiden. Zum Schluß kleine Silbersterne auf dem ganzen Set verteilen und festkleben. Man kann das Set auch an seinen Platz legen und die Sterne einfach nur darüberstreuen.

LILIEN-TISCHTUCH

Wenn Sie Ihr Tischtuch mit einem goldenen Muster verzieren, verleihen Sie Ihrer Tafel einen Hauch von Luxus. Beschränken Sie sich zunächst auf einfache Formen, etwa Lilien. Man kann entweder ein fertiges Tischtuch bemalen oder ein breites Stück einfachen, weißen Baumwollstoff kaufen. Die Blumen erst vorsichtig mit Bleistift vorzeichnen und dann die Lilien mit Goldfarbe nachziehen.

Um die Form der Lilien aufzugreifen, kann man Servietten, wie gezeigt, verpacken. Servietten mit Spitzenrand sehen am hübschesten aus. Die Servietten jeweils zu einem Quadrat falten. Die Spitzen zum Körper hin legen und die rechte und die linke Ecke so falten, daß sie sich überlappen. Die dritte Ecke zu den ersten beiden hin falten.

Die Servietten so in ein goldenes Geschenktütchen schieben, daß die Spitzen herausschauen. Da sowohl die Servietten als auch das Porzellan weiß sind, wurden goldfarbene Papieruntersetzer in die Tütchen geschoben, damit sich die Servietten besser von der Unterlage abheben.

Verleihen Sie Ihrem weißen Porzellan einen Hauch von Luxus, indem Sie unter jeden Eßteller einen großen goldenen Teller stellen. Man braucht einige alte weiße Teller, die etwa 1,5 bis 2,5 cm größer sind als die Eßteller, ein paar Efeublätter (zu Weihnachten auch Stechpalmen- und Mistelzweige), Goldspray und ein paar Gold- und Silberdragees.

Den Teller auf ein großes Stück Papier stellen und mit der Goldfarbe besprühen. Beachten Sie die Anweisungen des Herstellers auf der Dose.

Die Efeu- und Stechpalmenblätter auf Papier legen und mit Goldspray färben. 10 bis 15 Minuten trocknen lassen, dann mit dem ungefärbten Mistelzweig auf den weißen Eßteller legen und hübsch anordnen. Zuletzt verteilt man noch ein paar Gold- oder Silberdragees neben den Blättern.

Diese Serviette sieht elegant aus und ist leicht zu falten. Die Serviette wird zuerst diagonal zusammengefaltet, dann klappt man die rechte und die linke Spitze nach oben zum Scheitelpunkt.

Die Serviette umdrehen und die untere Ecke, wie abgebildet, ein Stück nach oben klappen.

Die rechte und die linke Ecke etwas diagnoal nach hinten biegen und die Kanten mit der Hand leicht festdrücken.

DOPPELTÜTE

Diese Serviette sieht in einem trichterförmigen Glas am besten aus, sie kann aber für einen weiteren Behälter verändert werden. Diese Faltmethode erfordert etwas mehr Übung als die bisher gezeigten. Die Serviette flach ausbreiten und der Länge nach in drei Lagen falten. Wie abgebildet hinlegen, die offene Kante nach oben.

Die obere rechte und linke Ecke jeweils mit Daumen und Zeigefinger festhalten. Diagonal einrollen, wie oben abgebildet.

Ohne loszulassen, die Ecken in einer Bewegung weiter einrollen, indem man Hände und Serviette dreht, bis die Hände zusammenkommen und die Handflächen nach oben zeigen. Jetzt sollte die Serviette zu zwei Tüten gerollt sein. Die Finger lösen und die Serviette in ein Glas stecken.

VERZIERTE SERVIETTEN

Hier ein paar Ideen, wie man einfache Servietten verschönern kann. Für die blaue Serviette schneidet man einen Stern aus einem großen Karton heraus. Den Karton auf die Serviette legen, gut festhalten und einen goldenen oder silbernen Stern auf die Serviette sprühen. Die Farbe muß eine Weile trocknen, bevor man die Serviette benutzen kann.

Die weißen Servietten wurden mit Ölkreiden und Schablonen verziert. Man kann fertige Schablonen kaufen. Das ausgewählte Muster auf die Ecke der Serviette legen. Die Ölkreide auf der Seite der Schablone auftragen und dann mit einem Pinsel mit kreisender Bewegung über die ganze Schablone verteilen.

Verwendet man mehrere Farben, dann fährt man mit dem Pinsel nur über die Teile der Schablone, die für diese Farbe gelten. Dann geht man zur nächsten Farbe über. Am besten ist es, für jede Farbe einen eigenen Pinsel zu verwenden, damit die Farben klar bleiben.

Die Ringe werden aus einer Kartonrolle hergestellt. Der Ring mit dem Blatt wurde zuerst mit weißer selbstklebender Plastikfolie umhüllt. Den Streifen so breit schneiden, daß er nach innen geklappt werden kann. Den Ring innen mit einem schmalen Streifen bekleben. Das grüne Blatt ist eine fertige Weihnachtsdekoration.

Für den weißen Ring verwendet man ein Stückchen Fellimitat. Innen wird er mit grünem Filz beklebt. Einen kleinen Weihnachstbaum aus grünem Filz schneiden, mit Pailletten verzieren und den Baum auf den Serviettenring kleben.

Der rosafarbene Ring ist mit einem breiten Satinband überzogen. Die Kanten nach innen biegen und festkleben. Innen in den Ring ein schmaleres Band in einem helleren Rosaton kleben. Zum Schluß ein Flitterband um den Ring schlingen und zur Schleife binden.

SERVIETTENRING MIT TRODDELN

Ein Serviettenring für besondere Anlässe. Man braucht zwei Troddeln und etwa 40 cm Kordel für eine Serviette. Die Troddeln werden mit den Schlaufen auf die Kordel gefädelt (siehe Abbildung).

Wenn man den Ring macht, führt man die Kordel zweimal durch die Schlaufen der Troddeln. Der Ring soll so groß sein, daß die Serviette mühelos hineingeschoben werden kann.

Die Enden der Kordel mit einem starken Kleber einstreichen. Ein Ende auf der hinteren Seite des Rings entlanglegen und abschneiden. An der Innenseite des Rings, wie abgebildet, Klebstoff auftragen und die restliche Kordel herumwickeln. Die überstehende Kordel wegschneiden und die Enden mit dem Finger festhalten, bis der Kleber ganz trocken ist.

ZAUBERHAFTES SACKCHEN

Eine verblüffende und doch einfache Idee für die Weihnachtstafel. Diese Netzbeutel enthalten kleine Süßigkeiten für die Gäste. Ein großes Golddeckchen halbieren, die Kanten aneinanderführen und mit einem Klebestreifen befestigen.

Aus einem groben Netzstoff zwei Quadrate ausschneiden und aufeinanderlegen. Den Netzstoff, wie abgebildet, in die Hand nehmen und das Goldtütchen in den Stoff hineinstecken. Ein paar Gold- oder Siberdragees in das Tütchen füllen.

Netz und Tütchen oben zusammendrücken und mit einem Faden gut umwickeln, damit das Säckchen nicht aufgeht. Je ein Stück Goldband und ein Stück schwarzes Band abschneiden und zusammen um das Säckchen zu einer schönen Schleife binden.

GOLDKÄSTCHEN

Diese elegante kleine Schachtel ist ideal für ganz besondere Geschenke. Das unten abgebildete Diagramm in den angegebenen Maßen auf Papier übertragen. Das Papier auf die Rückseite eines Kartons legen und die Linien mit einem Kugelschreiber durchpausen. Den Karton entlang der Umrisse ausschneiden.

Die Faltstellen mit der Spitze einer Schere gut durchdrücken und die Linien dann falten. Auf die Klappen Klebstoff auftragen und die Schachtel zusammenkleben. Gut trocknen lassen.

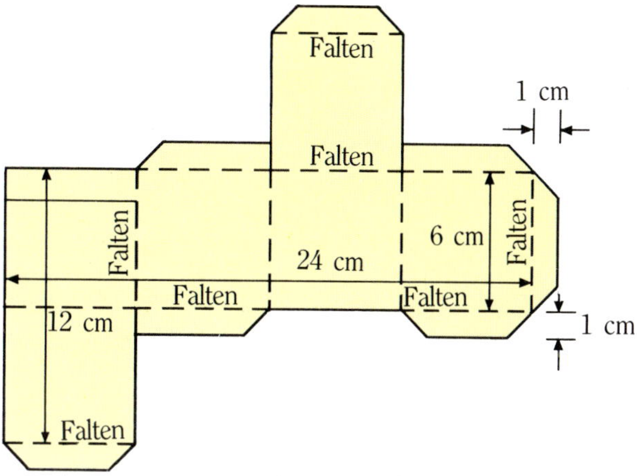

Wenn Sie eine einfache Geschenkbox pfiffig verschönern wollen, dann sind Pompons genau das richtige. Seidenpapier so falten, daß mindestens 12 Lagen entstehen (je 7 x 7 cm). Mit Hilfe einer Tasse oder eines Glases einen Kreis auf das Papier zeichnen und ausschneiden. Die Schichten in der Mitte zusammenklammern.

In je 5 mm Abstand Schnitte zur Mitte des Kreises machen bis kurz vor die Klammer. Das Seidenpapier zu einem Pompon aufplustern und auf die Geschenkbox kleben. Wenn Sie selbst eine Box basteln wollen, halten Sie sich an den unten abgebildeten Plan und an die Anweisungen auf Seite 75.

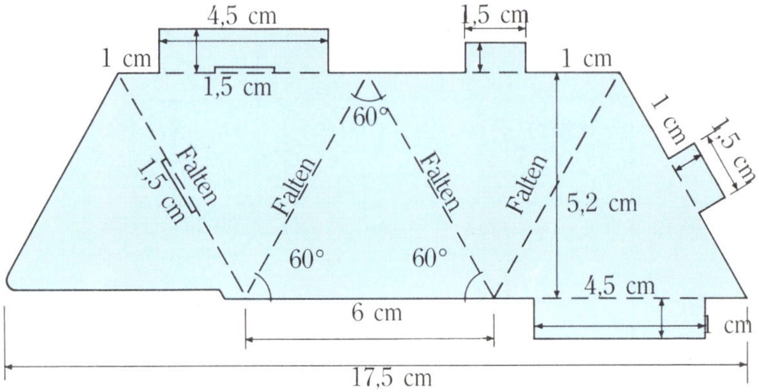

Als Platzkärtchen für Kinder sind diese kleinen Steifel ein großer Renner. Zuerst schneidet man die Stiefelform zweimal aus buntem Filz aus. Probieren Sie vorher aus, ob sie groß genug sind. Um die Ränder Klebstoff streichen und die Stiefel zusammenkleben. Oben müssen sie natürlich offen sein.

Aus einer anderen Farbe schneidet man eine Zackenbordüre aus. Für die Buchstaben verwendet man verschiedene Farben von Filz.

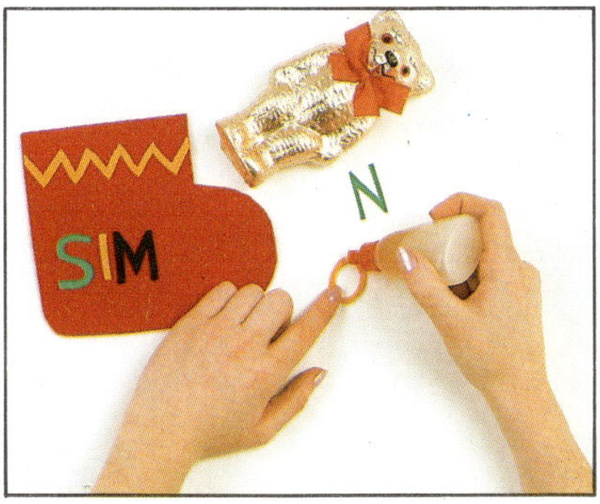

Wie abgebildet, die Buchstaben und die Bordüre auf den Stiefel kleben. Zuletzt einen Schokoladenteddy hineinstecken.

Die kleinen Feinheiten sind es oft, die den Reiz einer Sache ausmachen. Das gilt auch beim Schenken. Die Verpackung kann auffallend und bunt sein, aber ohne kleine Verzierungen kann sie trotzdem langweilig wirken. Schon mit einer schönen Schleife läßt sich ein einfaches Päckchen persönlicher gestalten.

Fertige Schleifen und andere Dekorationselemente sind häufig recht teuer, deshalb sollte man versuchen, solche Dinge selbst zu machen. Auf den foldenden Seiten finden Sie Anleitungen für Dekorationen mit Bändern. Dann geht es weiter mit Quasten, Foliensternen, Papierkrausen und allerlei Blumen.

Geschenkbänder kann man in vielerlei schöne Dekorationselemente verwandeln, von verblüffenden Rosetten, die wie fertig gekauft aussehen, bis zu originellen und individuellen Quasten. Borten, Schnüre, Seidenpapier und sogar Süßigkeiten eignen sich zum Verzieren eines Geschenks und geben ihm den »letzten Schliff«.

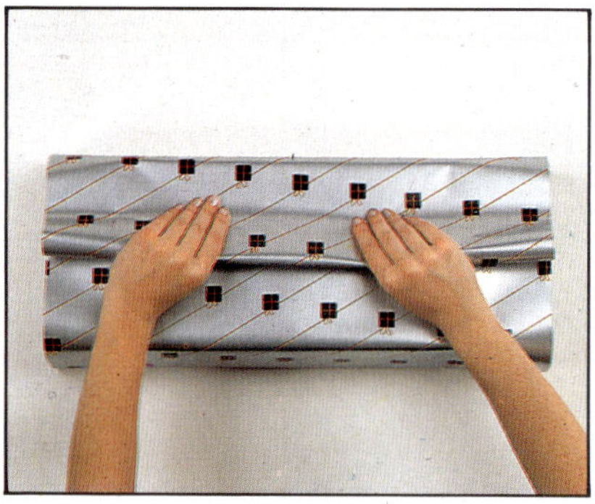

Ein rechteckiges oder quadratisches Geschenk zu verpacken ist nicht schwer. Das Papier straff um den Karton legen. Die freie Kante mit Klebstreifen befestigen oder die Kante etwas nach innen falten und mit einem Gegenklebeband ankleben. Die Kante sieht dann glatt und ordentlich aus.

Hat das Papier ein Linienmuster, versuchen Sie das Papier so zu legen, daß das Muster fortlaufend ist. Die überlappenden Enden so nach unten klappen, daß sie flach anliegen und eine Klappe bilden. Überstehendes Papier wegschneiden, damit kein Wulst entsteht.

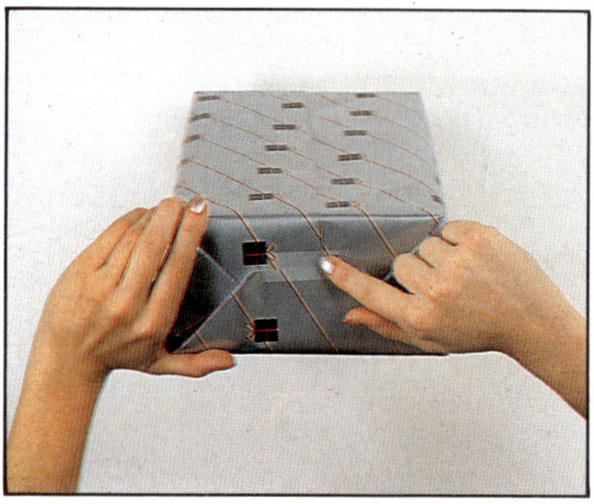

Die Seitenklappen genau falten und nach innen klappen. Das Papier mit der flachen Hand geradestreifen, damit sich nirgends Falten bilden. Die letzte dreieckige Klappe fest nach oben ziehen und über die anderen Teile legen. Entweder mit durchsichtigem Klebeband oder mit Gegenklebeband befestigen.

EINEN ZYLINDER VERPACKEN

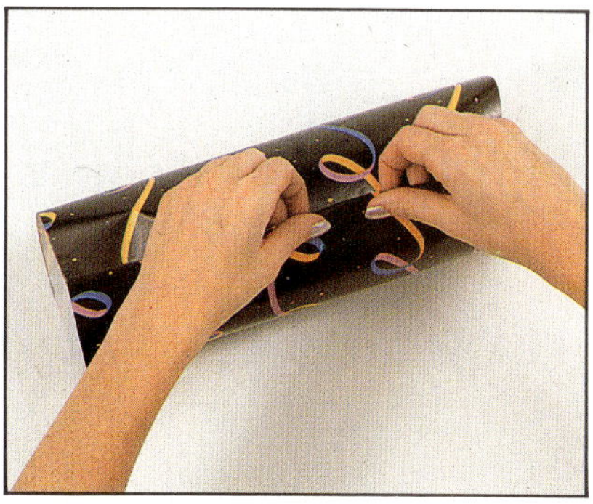

Um eine zylindrische Form zu verpacken, sollte man kein dickes Papier verwenden, da es sich nicht so gut falten läßt. Das Papier etwas länger schneiden als den Zylinderumfang und oben und unten überstehen lassen. Das Geschenk in das Papier einrollen und mit Klebeband befestigen.

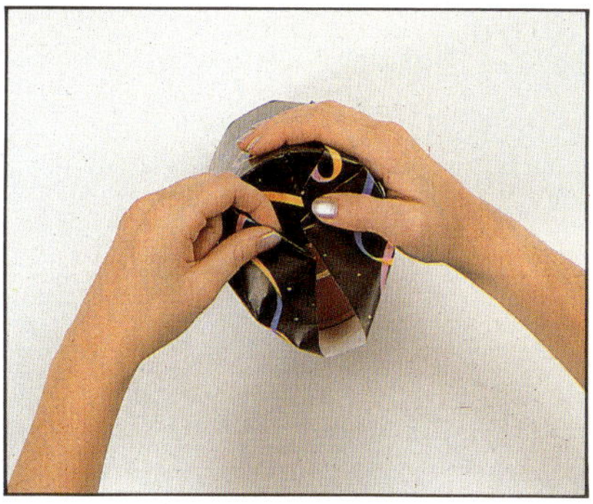

Die Enden des Papiers in einer Reihe kleiner Dreiecke, wie auf der Abbildung zu sehen, nach innen klappen. Darauf achten, daß die Dreiecke in der Mitte glatt übereinanderliegen.

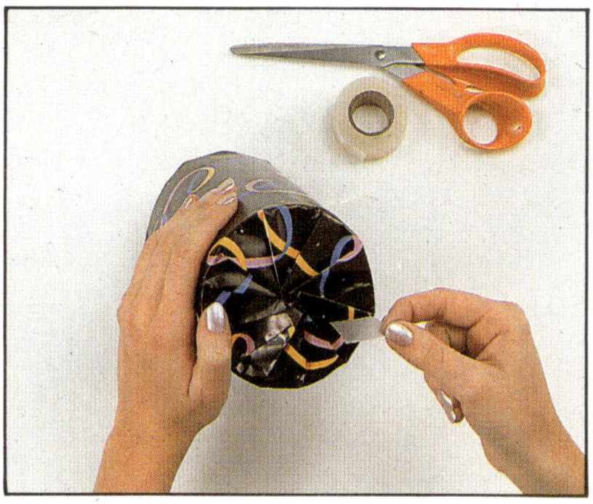

Mit einem Klebestreifen festkleben. Sollten die Falten nicht ganz gleichmäßig und glatt sein, kann man das vertuschen, indem man zwei runde Scheiben aus dem Geschenkpapier ausschneidet und auf beide Enden des Zylinders klebt.

EINE KUGEL VERPACKEN

Auf herkömmliche Weise verpackt man eine Kugelform, indem man das Papier einfach um die Kugel legt und es oben zusammenrafft. Hier eine elegantere Methode: das Geschenk auf die Mitte des Papiers legen. Die Papierkanten sollten oben genau zusammenkommen, wenn man sie um die Kugel legt. Die Ecken abschneiden, so daß ein Kreis entsteht.

Das Papier an einer Seite hochklappen und zu falten beginnen. Die einzelnen Falten treffen ziemlich genau in einem Punkt zusammen. Damit sie nicht verrutschen, jede dritte oder vierte Falte mit einem winzigen Stück Klebeband befestigen.

Auf diese Weise die ganze Kugel verpacken. Dies ist nicht so schwierig oder zeitaufwendig, wie es aussieht. Ist die Kugel umhüllt, liegen die Enden der Falten flach auf der Oberseite. Man kann sie entweder mit einem runden Papierstück überkleben oder, was eleganter wirkt, mit einem Strauß bunter Bänder verdecken.

Schwierige Formen zu verpacken ist genau dies - schwierig. Das Papier sieht immer verknittert und unordentlich aus. Verwenden Sie deshalb für solche Geschenke kein Papier, sondern farbiges Zellophan. Ein Quadrat aus dem Zellophan ausschneiden, das beträchtlich größer ist als das Geschenk.

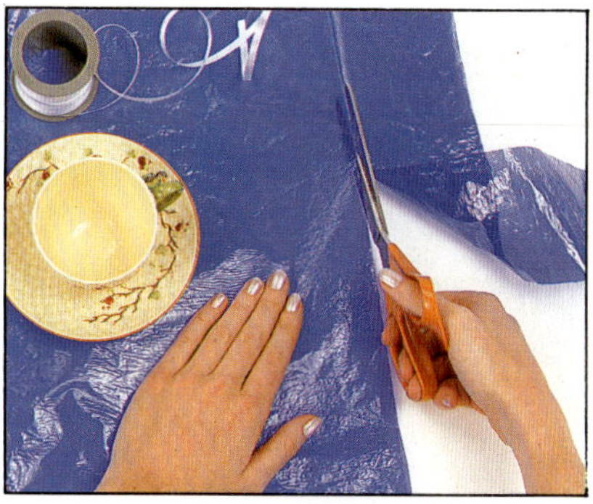

Das Zellophan nach oben nehmen und über dem Geschenk zusammenfassen. Die Ecken auseinanderfächern und das Zellophan mit gekräuselten Bändern zusammenbinden. Ist das Geschenk zylinderförmig, rollt man es in Zellophan ein und bindet die Enden mit Kräuselband zusammen.

Elegantes und teuer aussehendes Geschenkpapier kann man mit Hilfe von Sprayfarbe und Schablonen schnell selbst machen. Man nimmt einfarbiges Papier und schneidet aus Karton oder festem Papier die Schablonen aus. Man kann Rechtecke, Sterne, Kreise oder andere klare Formen wählen und schneidet immer zwei verschiedene Größen aus.

Einige Schablonen in beliebiger Anordnung auf dem Papier verteilen und jeweils mit etwas Plastilin oder Modelliermasse befestigen. Zum Sprühen Autolack oder normale Sprayfarbe verwenden. Auf gute Belüftung des Arbeitsraumes achten.

Sobald die Farbe getrocknet ist, die Schablonen wegnehmen und neue Schablonen in beliebiger Verteilung auf das Papier legen. Wenn man einige der neuen mit den alten Mustern überlagert, entstehen interessante Effekte. Das ganze Blatt mit einer zweiten Farbe besprühen und trocknen lassen. Zum Einpacken nur ganz getrocknetes Papier verwenden.

Schablonendrucke machen Spaß und sind einfach. Ein einfaches Motiv entwerfen und auf Pauspapier übertragen. Das Papier auf Karton legen und das Muster mit einem Stift so fest nachfahren, daß es auf den Karton durchgedrückt wird. Das Muster mehrmals wiederholen und mit einem Federmesser ausschneiden.

Die fertige Schablone auf einfarbiges Papier legen und festhalten (oder leicht ankleben). Verschiedene Plakatfarben mischen. Sie müssen ziemlich dick sein. Die Farbe durch die Schablone mit einem harten Pinsel auftragen. Wenn eine Reihe des Musters fertig ist, die Schablone vorsichtig abnehmen und auf Zeitungspapier abstreifen. Die Farbe trocknen lassen.

Diesen Vorgang wiederholt man so oft, bis man genug Papier bedruckt hat, um das Geschenk einzuwickeln. Um gleichmäßige Abstände zwischen den Musterblöcken zu bekommen, empfiehlt es sich, Markierungen auf der Schablone anzubringen. Man kann zum Beispiel das letzte Muster einer Reihe halbieren und mit der Schablone genau an der Häfte ansetzen.

Mit einem einfachen Schwamm und Farbe kann man erstaunliche Effekte erzielen. Man braucht dazu einen Naturschwamm, keinen Kunstschwamm. Wählen Sie einfaches Papier, und mischen Sie die gewünschten Plakatfarben zusammen. Sie sollten ziemlich flüssig sein. Farbe und Muster erst auf einem separaten Stück Papier ausprobieren.

Den Schwamm in die Farbe tauchen und gleichmäßig auf das Papier tupfen. Die Farbe sollte etwa für vier »Tupfer« ausreichen. Man hat einen ziemlich großen Verbrauch an Farbe, da der Schwamm sehr viel aufsaugt.

Den Schwamm gründlich auswaschen und ausdrücken. Wenn das Papier trocken ist, wiederholt man den ganzen Vorgang mit einer anderen Farbe. Man kann so viele verschiedene Farben verwenden, wie man will. Eine Schleife in einer der verwendeten Farbe aussuchen. Die Anleitung für die Schleife ist auf Seite 110 zu finden.

KARTOFFELDRUCK

Mit einer simplen Kartoffel kann man einfache und doch sehr hübsche Muster drucken. Eine große Kartoffel halbieren und auf die Schnittstellen einfache Muster aufzeichnen. Mit einem scharfen Messer die Umrisse nachschneiden und die Kartoffel so ausschneiden, daß sich das Muster über die Fläche erhebt.

Damit das Muster regelmäßig wird, zeichnet man mit Bleistift ein Gitter auf das einfarbige Papier, das bedruckt werden soll. Dann rührt man Plakatfarbe ziemlich dick an und streicht sie mit einem Pinsel auf den Stempel. In die Mitte jedes Gitterquadrats ein Muster drucken. Nach zwei- oder dreimaligem Drucken neue Farbe auftragen.

Den ganzen Bogen mit diesem einen Muster bedecken. Dann mit der zweiten Kartoffelhälfte, einem anderen Muster und einer zweiten Farbe, auf die Schnittlinien des Gitters drucken. Wenn die Farbe ganz trocken ist, die noch sichtbaren Hilfslinien wegradieren.

ZARTE DECKCHEN

Die zarte Silhouette eines Papierdeckchens sieht auf einem einfarbigen Untergrund besonders apart aus. Verpacken Sie das Geschenk in einfarbiges Papier, und kleben Sie die Deckchen dort auf, wo es Ihnen am besten gefällt. Um die Ecken eines großen Geschenks zu verzieren, faltet man die Deckchen erst einmal zusammen und dann ein zweites Mal (siehe Abbildung).

Auseinanderfalten und ein durch das Falten entstandenes Viertel an den Faltkanten herausschneiden.

Das Deckchen, wie abgebildet, über eine Ecke kleben. An der gegenüberliegenden Ecke ein weiteres Deckchen aufkleben. Ist das Geschenk sehr groß, kann man alle Ecken verzieren. Die Deckchen sollten sich aber nicht überlappen. Sie müssen nicht weiß sein, auch in Silber oder Gold sehen sie hübsch aus. Sie können auch eine quadratische oder rechteckige Form haben.

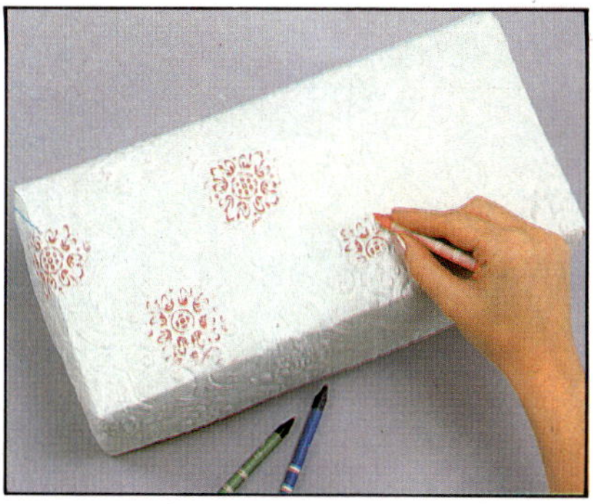

Tapeten können ein praktisches Verpackungsmaterial sein, besonders für große Geschenke. Hier wurde eine dicke Tapete mit Reliefmuster verwendet, der mit Farbe eine besondere Note verliehen wurde. Das Geschenk einpacken und Wachsmalkreiden in verschiedenen Farben auswählen. Mit einer der Farben über das erhabene Muster reiben. Für wiederkehrende Motive immer dieselbe Farbe nehmen.

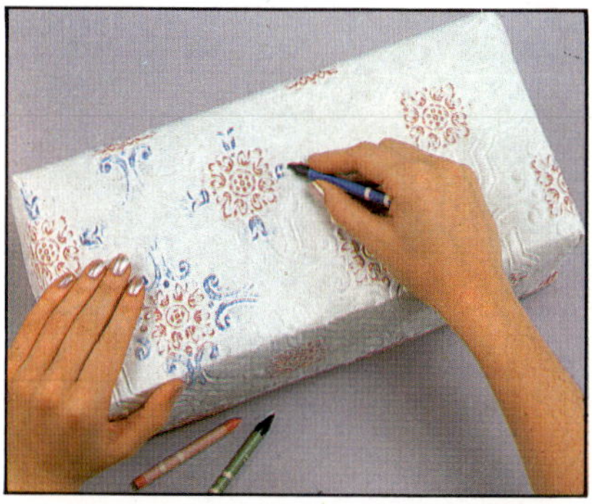

Für andere Motive oder Details eine zweite Farbe benützen. (Man kann auch Buntstifte oder Kreiden verwenden. Dann jedoch muß man den Staub mit einem weichen Tuch abwischen.) Die gewählten Farben sollen nur das Muster, nicht die übrige Fläche färben. (Deshalb sind Wasserfarben nicht geeignet.)

Den Vorgang mit einer dritten Farbe und je nach Muster und persönlichem Geschmack mit weiteren Farben fortsetzen. Ein Tip noch zum Verpacken: Es ist möglich, daß normaler Klebstreifen auf der Tapete nicht hält. Dann sollte man ein (verdeckt angebrachtes) Gegenklebeband verwenden.

Selbstklebende Bänder in leuchtenden Farben verleihen einfarbigem Geschenkpapier eine besondere, elegante Note. Ein lineares geometrisches Muster läßt sich am leichtesten herstellen und ist doch sehr effektvoll. Kurven sind ziemlich schwierig. Zuerst das Muster planen und mit Bleistift genau auf dem Päckchen vorzeichnen.

Die Bänder entlang der Markierungslinien aufkleben. Darauf achten, daß die Bänder nicht gedehnt werden, da sonst das Papier wellig wird. Klebebänder gibt es in einer Vielzahl von Farben und Materialien. Die Bänder sollten einen deutlichen Kontrast zum Untergrund bilden.

Glitzerndes Geschenkpapier sieht immer bezaubernd aus. Es gibt Flitter in vielerlei Farben, so daß Ihrer Kreativität keine Grenzen gesetzt sind. Man legt einen Bogen einfarbiges Geschenkpapier glatt hin und zeichnet mit einer Flasche Flüssigklebstoff (feine Öffnung) eine Reihe einfacher Muster darauf.

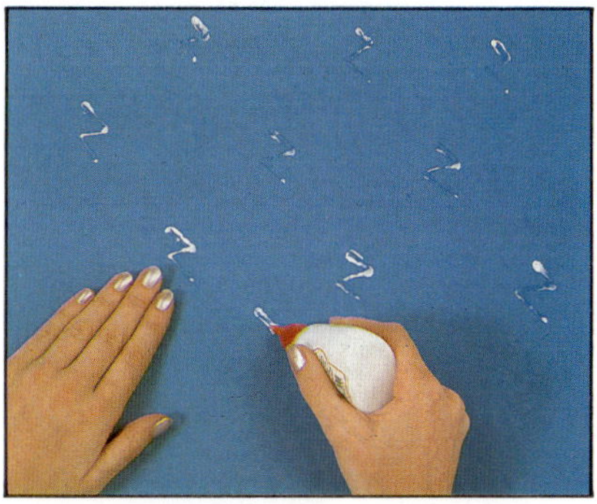

Eine Linie Flitter auf das Paier schütten. Das Papier leicht anheben und die Körnchen von einer Seite des Papiers zur anderen rutschen lassen. Darauf achten, daß die Klebstoffstellen ganz bedeckt werden. Die überschüssigen Flitterkörnchen auf eine Zeitung abschütteln. Sie können wiederverwendet werden.

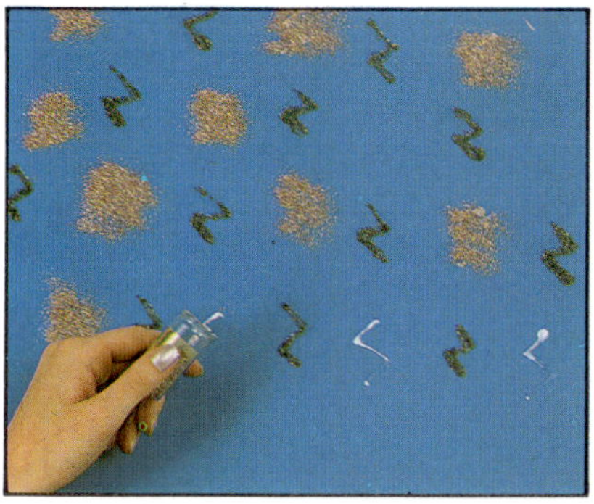

Jetzt weitere Klebstoffmuster aufzeichnen und Flitter in einer anderen Farbe daraufstreuen. Nur auf die neuen Klebstoffstellen streuen. Trocknen lassen, die überschüssigen Körnchen abklopfen und wieder zurück in ihren Behälter füllen.

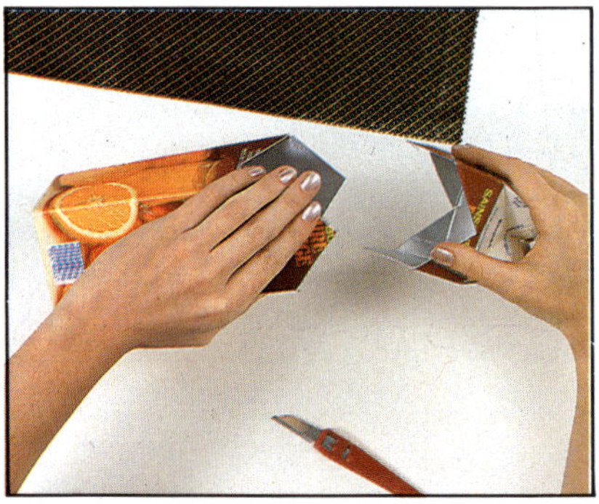

Eine praktische Verpackung für kleine Geschenke, wie selbstgemachte Süßigkeiten, läßt sich aus einem ausgewaschenen Saft-Karton herstellen. Auf jede Seite eine V-Form zeichnen. Auf zwei gegenüberliegenden Seiten weist die Spitze nach oben, auf den anderen nach unten. Entlang der Linien mit einem Federmesser sauber abschneiden.

Den Karton mit Geschenkpapier bekleben (mit Klebespray geht das am leichtesten). Die Naht sollte genau auf einer Kante liegen. Das überstehende Papier parallel zur Oberkante abschneiden und nach innen klappen. In die beiden Spitzen des Kartons je ein Loch stanzen und ein Band durchziehen.

Eine Flasche wird als Stift verkleidet, und keiner errät den Inhalt. Eine zylindrische Form aus dünnem Karton schneiden (5 cm kürzer als die Flasche) und mit Klebestreifen schließen. Einen Kreis mit 7,5 cm Radius zeichnen und ein Drittel der Fläche ausschneiden. Hellen Karton dafür verwenden. Einen spitzen Kegel rollen, zusammenkleben und von innen auf die Röhre setzen.

Als Stiftspitze einen kleinen Kegel herstellen und auf den anderen draufkleben. An der Innenkante des großen Kegels mehrere Klebestreifen andrücken, mit dem Arm durch die Röhre fahren und die Klebestreifen an die Röhreninnenseite drücken, so daß beide Teile verbunden sind. Die Flasche in die Verkleidung stecken und die Öffnung mit zwei Klebestreifen verschließen.

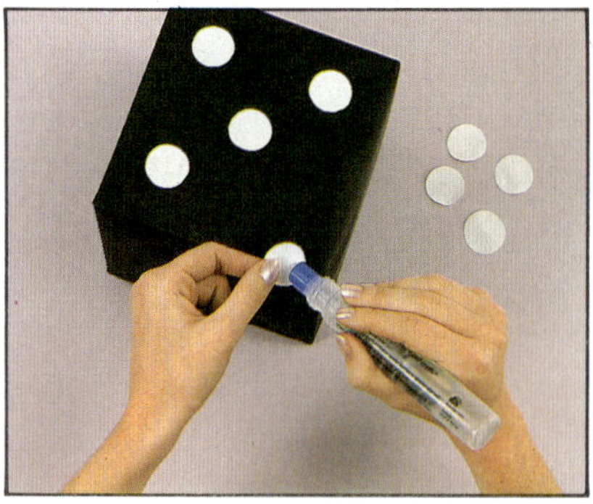

Würfelförmige Geschenke sehen als Spielwürfel verkleidet besonders interessant aus; aus rechteckigen Geschenken zaubert man Dominosteine. Für den Würfel müssen die Seiten des Geschenks alle gleich lang sein (nachmessen!). Das Paket mit schwarzem Papier einwickeln. Auf weißes Papier mehrere Kreise zeichnen. Man kann eine Münze als Schablone verwenden.

Die Kreise sauber ausschneiden und auf das Paket legen. Festkleben und darauf achten, daß keine Klebstoffflecken entstehen. Auf einem echten Würfel nachschauen, welche Punktezahl auf welche Seite gehört. Einen Dominostein kann man auf die gleiche Weise basteln.

Ein langweilig geformtes, flaches Geschenk verwandelt man einfach in eine Spielkarte. Das Geschenk in weißes Papier wickeln. Für das Pikas eine Schablone machen. Ein Papier falten und ein halbes Pik aufzeichnen, damit die Form symmetrisch wird. Das Pik auf schwarzes Papier legen, nachzeichnen und ausschneiden. Auf die Mitte der Karte kleben.

Mit Hilfe eines Lineals ein »A« in zwei Ecken schreiben. Zwei kleine Piks für die Ecken schneiden und darunterkleben. Ein buntes Papier, etwas kleiner als die Spielkarte, auf die Rückseite kleben. Pikas ist nur ein Vorschlag. Sie können genausogut Herzas wählen oder jede beliebige Karte - das richtet sich nach dem Empfänger.

KNOPF UND SCHLEIFE

Man kann einem kleinen Geschenk durch die Verpackung mehr Gewicht verleihen! Das Geschenk wie eine Kugel verpacken. Einen Papierstreifen schneiden, der dreimal so breit wie das Geschenk ist und lang genug, so daß man zwei Schlaufen daraus formen kann. Die Kanten umknicken. An den Enden und in der Mitte kleine Falten legen und mit Klebestreifen festhalten.

Für die herabhängenden Teile der Schleife schneidet man das Papier so zu, daß es fünf Kanten hat (siehe Abbildung). Die Seiten nach hinten klappen, so daß sie sich in der Mitte treffen. Mit Klebestreifen befestigen. Die gerade untere Kante V-förmig einschneiden. Das andere Ende in Fältchen legen und diese festkleben. Eine zweite Schleife schneiden.

Die gefältelten Enden des ersten langen Streifens nach hinten biegen, so daß Schlaufen entstehen, und festkleben. Die herabhängenden Schleifenteile dahinterkleben. Zuletzt ein Stück Gegenklebeband in die Mitte der Schleife drücken und das Geschenk darauflegen. Die Schleife schön auseinanderbreiten.

RUHEKISSEN

Tarnen Sie die bekannte Form einer Schallplatte einfach als Kissen! Zuerst ein paar Papiertroddeln anfertigen: ein Stück buntes Papier bis auf die oberen 2,5 cm in schmale Streifen schneiden. Das Papier zusammenrollen und dabei ein schmales Band mit einrollen. Die fertigen Troddeln mit buntem Klebeband zusammenhalten.

Einen Bogen Geschenkpapier nehmen, der doppelt so lang und etwas breiter als die Platte ist, und zusammenklappen. Die beiden Seiten auf ganzer Länge mit buntem Klebeband aneinanderfügen. Dabei die Troddeln an den Ecken mit ankleben. Über die untere Faltkante ebenfalls Klebeband legen.

Das Kissen auf beiden Seiten der Platte mit Füllmaterial ausstopfen. Auch die Ecken füllen. Das Kissen darf aber nicht zu prall werden, da sonst das Papier reißen könnte. Die Öffnung mit Klebeband verschließen.

Warum sollte man nicht ein Geschenk in einem anderen verpacken? Ein hübscher Schal ist die ideale Verpackung. Den Schal so zusammenfalten, daß ein Quadrat in der passenden Größe entsteht, dann den Schal um das eigentliche Geschenk wickeln.

Die obere Lage des Schals an den Enden, wie abgebildet, unter das Geschenk stecken, dann die Klappen nach oben falten. Mit einem Band ober einer Perlenschnur zusammenbinden. Ein paar hübsche Taschentücher eignen sich als Verpackungsmaterial für kleine Geschenke, zum Beispiel Seife. Das Geschenk auf die Tücher legen, die Tücher zusammenfassen und mit einem Band festbinden.

SCHMUCKKRAWATTE

Eine elegante Verpackung für den eleganten Herrn - oder die elegante Dame. Sie paßt zu einem hohen, schmalen Geschenk. Das Geschenk in Papier wickeln, das an ein Hemd erinnert. Aus steifem weißem Karton einen Kragen ausschneiden (siehe Abbildung) und oben um das Päckchen kleben.

Für die Krawatte verwendet man ein gemustertes Band. Man legt es um den Kragen und bindet es wie eine Krawatte. Bevor man den Knoten ganz festzieht, etwas Klebstoff dort auf den Kragen tupfen, wo die Krawatte sitzen soll. Die Krawatte festkleben. Zum Schluß die beiden Enden umknicken, so daß eine elegante Form entsteht. Die beiden Enden sollen gleich lang sein.

Ein hübscher Stoff ist die ideale Verpackung für eine zart duftende Seife. Achten Sie in Stoffgeschäften auf kleine Stoffreste. Ein Quadrat von 15 cm ausschneiden. Eine Zackenschere verwenden, damit der Stoff nicht franst. Außerdem sieht der Rand dann hübscher aus.

Für das Säckchen die Seife auf die Mitte des Stoffes legen. Die Ecken nach oben nehmen und den Stoff in der Mitte mit einem Band in einer Kontrastfarbe verschließen. Für einen Umschlag faltet man die vier Ecken so zur Mitte, daß sie sich überlappen.

Die Klappen des Umschlags festhalten und mit einem Band umschlingen. Das Band zu einer Schleife binden.

Diese Methode eignet sich am besten für kleine Schachteln, die nicht stabil sein müssen. Aus dünnem Karton eine Kreuzform ausschneiden (siehe Abbildung). Der Boden und die Seiten sind alle gleich groß und quadratisch. Für den Deckel gibt man beim Mittelquadrat 5 mm zu. Die Seiten sind etwa 2 cm hoch.

Die beiden Formen auf Geschenkpapier kleben, trocknen lassen und das Papier so zurechtschneiden, daß ein kleiner Rand stehenbleibt. Diesen immer an der linken Kante der Seitenteile nach innen klappen und festkleben. Die Linien um das Grundquadrat mit dem Rücken eines Messers einkerben.

Die Seitenteile nach oben biegen und jeweils auf den überstehenden Papierrand der Nebenseite kleben, wie auf der Abbildung zu sehen. Die Kanten der Schachtel scharf knicken und trocknen lassen. Dann den Deckel zusammenkleben. Dabei genauso vorgehen wie bei der Schachtel.

Diese stabilen kleine Behälter eignen sich besonders gut für Schmuck. Man kann sie aber auch größer herstellen. Dünnen, farbigen Karton nehmen und das Muster von Seite 127 übertragen. Die Größe der Dreiecke ist nicht so wichtig, solange alle gleich sind. Der Boden muß quadratisch sein.

Die Form mit einem Federmesser ausschneiden. Soll der Karton mit Geschenkpapier beklebt werden, muß man das jetzt tun. Das Papier genau nach den Maßen des Kartons schneiden. Um die Pyramide zu erhalten, mit einem Messerrücken die Faltlinien einkerben und entlang dieser Linien exakt knicken.

In die Spitzen der Dreiecke je ein Loch stanzen und diese dann nach oben klappen. Ein Band durch die Löcher ziehen und darauf achten, daß die umgeknickten Kanten alle innerhalb der Pyramide sind. Das Band zusammenziehen und zu einer Schleife binden.

ELEGANTE KISSEN

Diese Kissen sind eine raffinierte Verpackung für Krawatten, Schals, Taschentücher, Socken, Seife, Schmuck und vieles mehr. Das Muster von Seite 126 auf dünnen Karton übertragen. Man kann den Karton sehr gut mit Geschenkpapier bekleben, das sieht besonders hübsch aus. (Die Form dann nur auf das Papier kleben und nachfahren.)

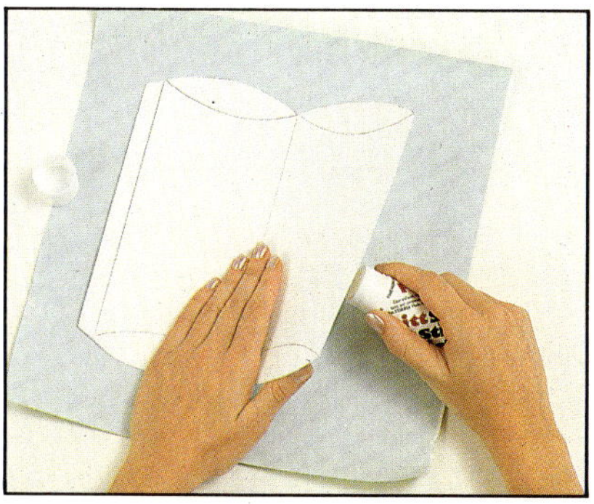

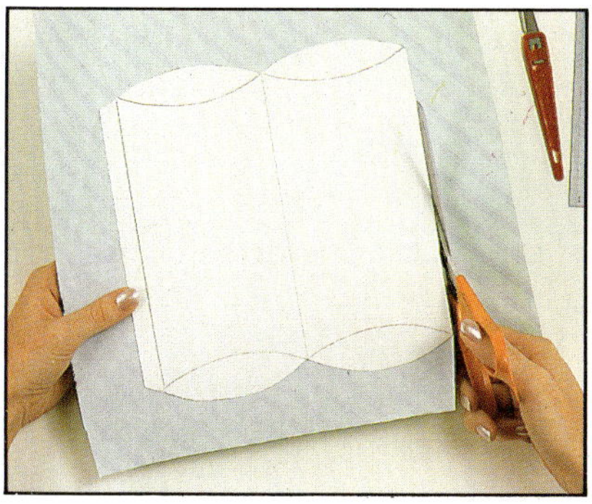

Die vorgezeichnete Form aus dem Karton ausschneiden. Dann die gekrümmten Linien mit dem Rücken eines Messers exakt nachfahren und einkerben. Mit den beiden ellipsenförmigen Klappen wird das Kissen verschlossen.

Das Kissen an der Längskante mit Flüssigkleber oder Gegenklebeband zusammenkleben. Die Enden nach innen klappen. Wenn man die Linien richtig eingekerbt hat, geht das ganz einfach. Man kann das Kissen auch leicht wieder öffnen. Darauf achten, daß sich das Geschenkpapier nicht ablöst.

IN DER SCHACHTEL

Diese kleine, schmale Verpackung ist genau richtig für Schmuck oder eine Uhr. Man kann sie aber auch größer basteln. Das Muster von Seite 126 auf dünnen Karton übertragen und ausschneiden. Entweder den Karton lassen, wie er ist, oder mit Geschenkpapier bekleben.

Alle Kanten mit einer kleinen scharfen Schere sauber zurechtschneiden. An den Henkeln und den Schlitzen besonders vorsichtig arbeiten. Dann alle Faltlinien mit einem Messerrücken einkerben.

Alle Faltkanten sauber umknicken. Die Schachtel an den Seiten zusammenfalten. Die Schachtel oben schließen und darauf achten, daß die Deckelteile nach oben gefaltet werden (siehe Abbildung), wo die Henkel sich treffen. Die Deckel schließen, indem man sie an den Schlitzen zusammensteckt. Zum Schluß den Boden schließen.

TRAGETASCHE

Geschenktüten sind praktisch für Dinge mit ausgefallenen Formen. Man kann sie in vielen Größen herstellen. Man sucht etwas, das die Form und Größe der fertigen Tüte hat, zum Beispiel ein paar Bücher. Aus festem Geschenkpapier eine Bahn ausschneiden, die um die »Form« herumreicht. Das obere Ende umklappen (siehe Abbildung).

Das Papier um die »Form« legen und die Naht auf der Rückseite festkleben, mit Flüssigkleber oder Gegenklebeband. Die Unterseite so einklappen, wie man es bei Päckchen normalerweise macht. Mit reichlich Klebstoff befestigen, damit der Boden der Tüte stabil wird.

Die »Form« herausgleiten lassen. Die Seitenteile der Tüte nach innen knicken und in der Mitte zu einer geraden, scharfen Kante zusammendrücken. Vorn und hinten je zwei Löcher in die Tasche stanzen (siehe Abbildung). Aus zwei Schnüren zwei Henkel für die Tasche einziehen und an der Innenseite verknoten. Oder die Tasche mit einem Band verschließen.

ELEGANTE SCHLEIFE

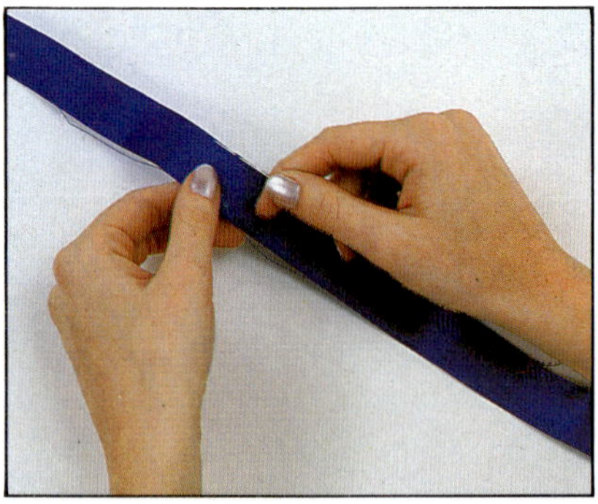

Diese Schleife sieht auf einem rechteckigen Geschenk am besten aus. Man nimmt ein 66 cm langes Stoffband und mißt von jedem Ende 13 cm ab. Die Stellen markieren, von da ab erst 10 cm, dann 7,5 cm, 5 cm, 7,5 cm und wieder 10 cm abmessen und anzeichnen. Mit Nadel und Faden entlang der einen Kante des Bandes an den markierten Stellen mit kleinen Stichen den Faden durchziehen.

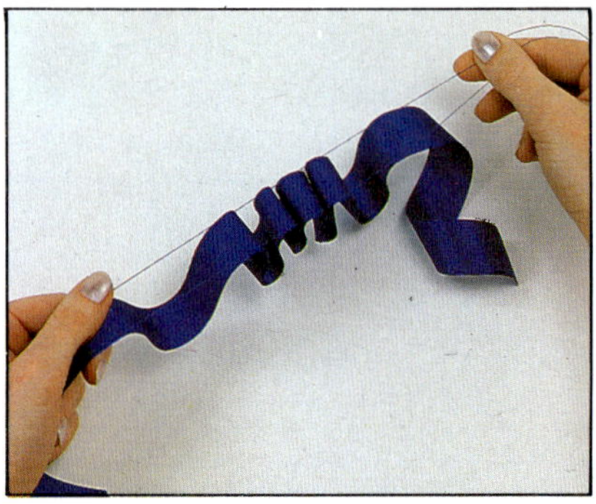

An der anderen Kante ebenso verfahren und darauf achten, daß die Stiche jeweils genau auf derselben Höhe sind. Jetzt die Schlaufen, wie auf der Abbildung zu sehen, zusammenschieben. Am besten bindet man die beiden Fäden an einer Seite zusammen und schiebt das Band zu einer Seite hin.

Jetzt die Fäden auf der anderen Seite ebenfalls zusammenbinden und die Schlaufen mit den überhängenden Fäden festnähen. Die Fäden abschneiden. Das Band um das Geschenk binden und die Schleife auf die Längsseite kleben (Gegenklebeband). Die Enden der Schleife V-förmig einschneiden.

LÄSSIGE SCHLEIFE

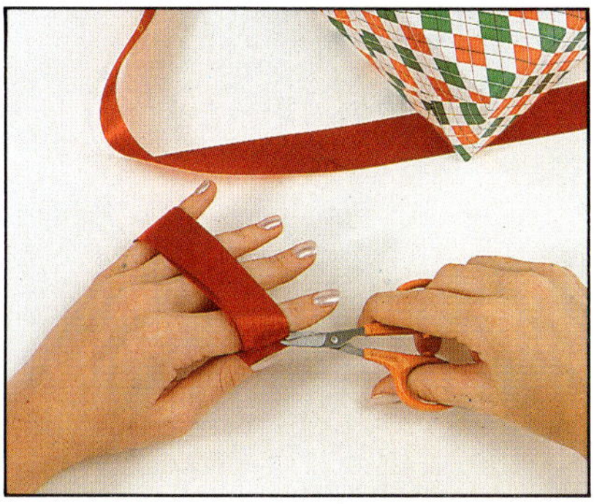

Diese Schleife wirkt nicht so steif, sondern verleiht dem Geschenk eine gewisse »Lässigkeit«. Man benötigt dafür ein weiches Band von etwa 2 m und 2,5 cm Breite. Etwa 30 cm abschneiden, den Rest des Bandes, wie abgebildet, um die Finger wickeln. Das Band festhalten und mit einer Schere an beiden Seiten (siehe Bild) einen Einschnitt machen.

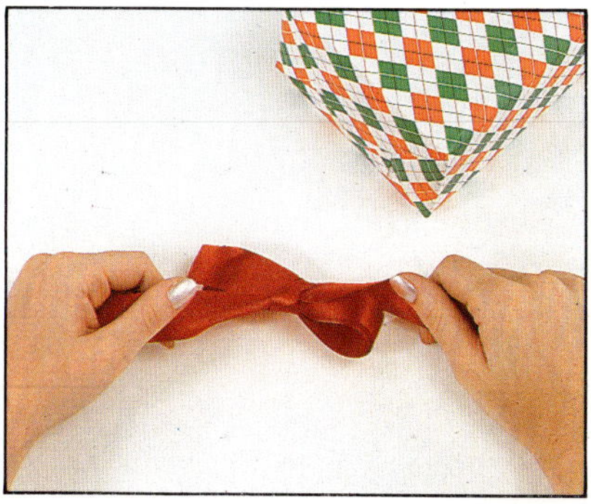

Das Band von der Hand streifen und die gegenüberliegenden Seiten ebenfalls einschneiden. Das Band so falten, daß die Einschnitte in der Mitte alle aufeinandertreffen. Die Schlaufen flachdrücken. Das 30 cm lange Band um die Einschnittstellen binden (siehe Abbildung).

Mit der innersten Schlaufe auf einer Seite beginnen und dann nacheinander alle Schlaufen auseinanderziehen. Am Schluß müssen alle Schlaufen zu sehen sein. Die Rosette ist fertig und kann auf dem Geschenk befestigt werden.

SPITZE SCHLEIFE

Diese Schleife kann niemand von einer fertig gekauften unterscheiden, dabei kostet sie nur ein wenig Geduld. Verwenden Sie ein Band, das selbstklebend ist, wenn es angefeuchtet wird. Das Band um den Daumen wickeln und befeuchten. Zu einer Schlaufe kleben. Jetzt das Band nach hinten biegen und drehen, so daß eine Schlaufe mit einer deutlichen Spitze entsteht (siehe Abbildung), und festkleben.

Weitere Schlaufen drehen und dabei die Abstände zwischen den einzelnen gleichmäßig halten. Dies erfordert etwas Geschick und Geduld, aber nach ein paar Schlaufen geht es schon leichter. Es empfiehlt sich, jeweils einen Moment zu warten, bevor man die nächste Schlaufe dreht, damit der Klebstoff trocknen kann.

Kreisförmig nach außen weiterarbeiten, bis die Schleife die gewünschte Größe erreicht hat. Das Band abschneiden und ein kleines Stück überstehen lassen. Die Schleife mit Gegenklebeband auf dem Geschenk befestigen.

ELISABETHANISCHE SCHLEIFE

Diese Form erinnert an die Schnörkel, mit denen die Unterschrift Königin Elisabeths I. von England verziert war. Das Geschenk einwickeln und eine passende Schleifenfarbe aussuchen. Ein Ende des Bands festhalten und eine Schlaufe bilden (siehe Abbildung). Einen kleinen »Schwanz« überstehen lassen.

Eine weitere Schlaufe formen, so daß die Form einer Acht entsteht. Das ist die endgültige Schleifengröße. Man kann sie jetzt noch verändern, wenn sie größer oder kleiner werden soll. Jetzt weitere Schleifen legen, bis die Schleife groß genug ist. Sieben Schleifen auf jeder Seite sind in der Regel ausreichend.

Überprüfen, ob die Schleife gleichmäßig ist, dann in der Mitte mit einem Klebeband fest zusammenfassen. Dieses kann man unter einem Stück Schleifenband verstecken. Die Schleife mit Gegenklebeband auf dem Geschenk befestigen.

Mit Pompons kann man Geschenke jeder Form und Größe verzieren. Verwenden Sie ein Band, das selbstklebend ist, wenn es angefeuchtet wird. Sieben Streifen schneiden, vier 30 cm und drei 23 cm lange. Einen kleinen 5 cm langen Streifen für die Mitte abschneiden.

Die Enden der langen Streifen aufeinanderlegen, anfeuchten und zusammendrücken. Die Mitte jeder Schlinge anfeuchten und, wie abgebildet, in der Mitte überkreuzen und aneinanderkleben. Ein zweites »Kreuz« kleben und so auf das andere legen, daß die Schlaufen zwischen denen des ersten sind.

Die drei kürzeren Streifen ebenso zu Schlaufen formen, aufeinanderkleben und in die Mitte des größeren Sterns drücken. Eine kleine Schlaufe aus dem kurzen Streifen machen und in die Mitte der Rosette kleben. Die Länge und Breite der einzelnen Bänder kann man natürlich abändern, je nachdem, wie groß die Pompons werden sollen.

KONZENTRISCHE KREISE

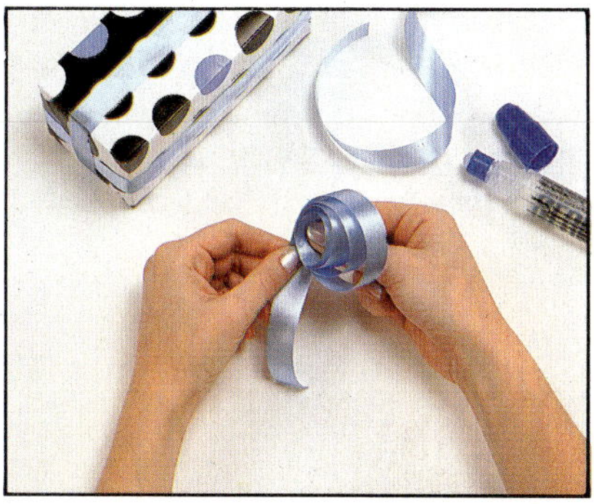

Wie gestaltet man ein hohes, schmales Geschenk auffallender? Man nimmt ein Geschenkband (eines, das selbstklebend ist, wenn es angefeuchtet wird) und rollt es einmal um den Daumen. Am Ende anfeuchten und festkleben.

Einen zweiten Ring machen, größer als den ersten, und ebenfalls festkleben. Zwei weitere Ringe in dieser Art anfertigen und darauf achten, daß die Proportionen bei den verschiedenen Zwischenräumen in etwa ausgewogen sind. Mehr als vier Kreise sind nicht zu empfehlen, da die größeren nicht mehr so gerade stehen und der Dekoration eher schaden würden.

Kaum zu glauben, daß diese hübschen Gebilde aus Draht und alten Strümpfen oder Strumpfhosen gemacht wurden. Alte Strümpfe zerschneiden und mehrere Stücke Draht abknipsen, manche kürzer und manche länger. Den Draht zu Kreisen biegen und an den Enden zusammendrehen.

Ein Stück Strumpfmaterial über den Draht legen und fest draufspannen. Am gedrehten Teil des Drahts mit einem farblich passenden Faden umwickeln und festbinden. Überstehenden Stoff wegschneiden.

Sieben dieser Blütenblätter zusammennehmen (kleinere nach innen) und mit Draht zu einer Blume binden. Die Blätter so hinbiegen, daß die Blüte geöffnet ist. Das Päckchen mit einem Band verschnüren und die Blüte draufkleben. Für den Schmetterling werden zwei Blätterpaare zusammengebunden und dann in die Form von Flügeln gebogen.

GEDREHTER STERN

Für diesen Stern verwendet man bunte Metallfolie. Mit einem Zirkel vier Kreise aufzeichnen (zum Beispiel: 8 cm, 6,5 cm, 5 cm und 4 cm ∅) und in der Mitte einen Kreis von 2 cm ∅ markieren. Mit einem Lineal die Kreise in acht Segmente einteilen und Linien zum Mittelkreis ziehen. An den Linien einschneiden, die acht Segmente müssen gleich groß sein.

Jedes Segment kegelförmig einrollen, eventuell festkleben. Die Spitze soll so scharf wie möglich sein. Diese Arbeit erfordert ein wenig Geduld. Am leichtesten geht es, wenn man die Segmente um eine Bleistiftspitze dreht. Alle Sterne fertigstellen.

Die Sterne der Größe nach (mit den großen beginnen) ineinanderkleben. Jeweils die Spitzen zwischen die des vorhergehenden legen. Wenn der Klebstoff ganz trocken ist, die Spitzen des Sterns nach innen biegen, so daß die Mitte des Sterns ebenfalls gefüllt ist.

Es gibt keinen Zweifel, für wen diese Geschenke gedacht sind! Es ist eine hübsche Idee, ein Schildchen in der Form des Anfangsbuchstabens oder des vollen Namens des Beschenkten zu gestalten. Zuerst die gewünschte Form auf Pauspapier aufzeichnen. Darauf achten, daß die einzelnen Buchstaben miteinander verbunden sind.

Das Papier mit dem vorgezeichneten Namen oder Buchstaben auf farbigen Karton legen und die Linien mit einem Stift durchdrücken. Für die geraden Linien sollte man ein Lineal verwenden, dann sieht das Ergebnis ordentlicher aus.

Den Karton mit einem scharfen Federmesser genau entlang der vorgezeichneten Linien ausschneiden. Ein Loch so einstanzen, daß der Buchstabe oder Name gut leserlich am Geschenk hängen kann.

STERNE UND STREIFEN

Eine andere Möglichkeit, das Kärtchen dem Papier anzupassen, ergibt sich, wenn man das Muster des Papiers in vergrößerter Form nachbildet. Zuerst fertigt man ein vergrößertes Muster des gewünschten Motivs an, das man dann als Schablone verwendet. Dieses wird auf farbigen Karton gelegt. Die Umrisse mit Bleistift nachfahren.

Man muß aber darauf achten, daß das Schildchen möglichst den gleichen Farbton wie das Motiv des Geschenkpapiers hat. Ein Seidenpapier in der richtigen Farbe über das Schildchen gelegt, kann manchmal helfen, wenn der Farbton nicht ganz übereinstimmt. Den Karton ausschneiden und ein Loch hineinstanzen. Mit einem Bändchen an das Geschenk binden.

Stechpalmenblätter haben eine hübsche Form und sind gerade als Verzierung von Weihnachtsgeschenken besonders geeignet. Die Länge des Abstands zwischen den gegenüberliegenden Ecken des Päckchens messen. Auf einem Papier ein großes Stechpalmenblatt aufzeichnen, dessen Mittellinie etwas länger als die Hälfte des gemessenen Abstands ist.

Vier Stechpalmenblätter auf grünen Karton aufzeichnen (das auf Papier gezeichnete Blatt als Schablone verwenden) und ausschneiden. Die Blätter entlang der Mittellinie leicht knicken.

Aus Watte drei kleine Kugeln formen und jeweils mit einem Stück rotem Seidenpapier umwickeln. Das Papier an einem Ende zusammendrehen und mit Klebstoff verschließen. Den Kleber trocknen lassen und den »Stiel« so kurz wie möglich abschneiden. Die Blätter und Beeren auf das Päckchen legen und mit Gegenklebeband oder flüssigem Kleber befestigen.

WEIHNACHTSBÄUMCHEN

Eine Flasche mit einem edlen Tropfen ist ein willkommenes Geschenk - man sollte sie aber tarnen, zum Beispiel als Weihnachtsbaum. Dazu nimmt man einen Plastikblumentopf, der so groß ist, daß die Flasche gerade hineinpaßt. Aus dünnem Karton schneidet man ein Drittel eines großen Kreises aus und klebt ihn zu einem spitzen Kegel zusammen (siehe Abbildung). Er sollte 8 cm kürzer als die Flasche sein.

Den Kegel mit geeignetem Papier bekleben. Die Flasche in den Blumentopf stellen und den Kegel darüberstülpen. Falls der Kegel zuviel von dem Topf bedeckt, kann man ihn etwas kürzen. Ein Stück Flitterband doppelt nehmen und verknoten. Als Spitze auf das Bäumchen stecken und festkleben.

Diese Glöckchen können an einem Weihnachtsgeschenk baumeln. Aus Papier zwei Schablonen schneiden. Bei einer Form den Klöppel mitschneiden. Beide Formen je zweimal aus dünnem Karton schneiden (für zwei Glocken).

Den Karton auf beiden Seiten mit Goldpapier bekleben (oder in einer anderen Farbe) und an den Kanten sauber abschneiden. Die Formen mit dem Klöppel von oben bis zur Mitte einschneiden. Die anderen von unten her zur Mitte einschneiden.

In die Formen ohne Klöppel oben ein Loch stanzen und ein Band durchziehen. Dann je zwei der verschiedenen Glocken so zusammenstecken, daß eine dreidimensionale Form entsteht. Man kann diese Glocken auch für Hochzeitsgeschenke verwenden.

Ein Spaß für Kinder! Ein zylindrisches Geschenk in Papier wickeln. Das ergibt den Körper des Schneemans. Zeitungspapier zerknüllen und als Kopf auf das Geschenk kleben. Kopf und Körper nach und nach mit Wattebäuschen bekleben, bis sie ganz eingehüllt sind. Aus buntem Papier ein Gesicht schneiden und am Kopf festkleben.

Für den Hut benötigt man einen Streifen und einen Kreis aus Karton, der groß genug ist für die Krempe. Aus dem herausgeschnittenen Teil der Krempe macht man den Deckel für den Hut. Den Kopfumfang des Schneemanns vor dem Schneiden feststellen! Den offenen Streifen in die entsprechende Größe rollen und zukleben (siehe Abbildung).

Den Hut mit Klebestreifen auf der Innenseite zusammenkleben. Mit schwarzer Farbe zwei- bis dreimal bemalen und ein rotes Band um den Hut schlingen. Dem Schneemann einen gemusterten Schal umbinden und den Hut aufsetzen.

Dekorieren Sie ein Weihnachtsgeschenk doch mal mit Christbaumschmuck. Das Geschenk in festliches Papier wickeln (am besten wirkt einfarbiges, glänzendes). Man kann auch Alufolie verwenden. Dann kleine Weihnachtskugeln an einem Flitterband befestigen.

Entscheiden Sie, wo die Dekoration befestigt werden soll, und bringen Sie dort ein paar Streifen Gegenklebeband an. Ist das Päckchen rechteckig, sehen die Kugeln in einer Ecke am besten aus; ist es quadratisch, sollten sie besser in der Mitte sein. Bei einem hohen Päckchen (siehe Abbildung) setzt man sie einfach obendrauf. Die Kugeln zueinander gruppieren und das Flitterband wie ein Nest herumlegen.

LUSTIGER NIKOLAUS

In der Vorweihnachtszeit erfreut ein lustiger, dreidimensionaler Nikolaus nicht nur die Kinder. Aus dünnem, rotem Karton ein ziemlich großes Rechteck schneiden. Den Karton genau in der Mitte zusammenklappen. Ein umgedrehtes »V« für die Nikolausmütze aufzeichnen und eine Wölbung für das Kinn. Mit einem Federmesser entlang der Linien einschneiden.

Mütze und Kinn nach außen drücken. Augen und Mund zeichnen. Aus Watte einen Bart und einen Rand und einen Pompon ankleben. Ein Loch in die Rückseite des Kärtchens stanzen, dieses beschriften und an das Geschenk binden.

ENGELSBOTSCHAFT

Ein himmlischer Bote überbringt die Grüße und das Geschenk. Aus Karton ein Viertel eines Kreises ausschneiden, zu einem schmalen Kegel formen und zukleben. Das ist der Körper des Engels. Ein Papier falten und, wie abgebildet, einen Arm und einen Flügel an der Faltkante aufzeichnen. Wenn das Papier aufgeklappt ist, erhält man jeweils ein Paar.

Den Körper mit Silberpapier bekleben. Arme und Flügel auf Silberfolie übertragen und ausschneiden. An die entsprechenden Stellen auf den Körper kleben.

Ein Stück eines Papiertaschentuchs zu einer festen Kugel rollen und die Enden zu einem Hals zusammendrehen. Den Kopf oben in den Kegel des Körpers kleben. Ein Stück Flitterband zu einem Knoten schlingen und auf den Kopf kleben. Auf ein kleines weißes Papier die »Botschaft« schreiben, zusammenrollen und dem Engel in die Hände geben (ankleben). Den Engel auf das Geschenk kleben.

FESTLICHE ANHÄNGER

Da zu Weihnachten so viele Geschenke verteilt werden, ist es besonders wichtig, sie mit Namen zu versehen. Man zeichnet am besten ein Motiv, das zum Fest paßt, auf ein Stück Karton (etwa in Form eines Nikolausstiefels) und schneidet es aus. Mit Papier bekleben, das farblich zum Verpackungspapier des Geschenks paßt.

Man kann auch versuchen, das Papiermotiv beim Anhänger zu wiederholen (siehe den Tannenbaum). Damit die Form symmetrisch wird, faltet man ein Papier zusammen und zeichnet das halbe Muster an der Kante auf. Das Papier ausschneiden und als Schablone verwenden. Dünnen Karton mit Geschenkpapier bekleben.

Die Schablone drauflegen und die Umrisse nachfahren. Ausschneiden und ein Loch einstanzen. Die Botschaft auf die Rückseite schreiben und das Kärtchen an das Geschenk binden. Man kann die Form aus einer Zeitschrift ausschneiden oder eine Ausstechbackform als Schablone verwenden.

MUSTER

Einige der Arbeiten in diesem Buch werden nach den Mustern auf den folgenden Seiten angefertigt. Diese Muster wurden verkleinert, damit sie auf den vorhandenen Platz passen. Sie müssen also vergrößert werden. Die Größen sind bei jedem Muster einzeln angegeben. Am besten verwenden Sie Papier mit Kästchen, wenn Sie die Muster übertragen.

Seite 47: Jedes Quadrat = 2 cm

Seite 14: Jedes Quadrat = 2 cm

Seite 22: Jedes Quadrat = 2 cm

Seite 29: Jedes Quadrat = 4 cm

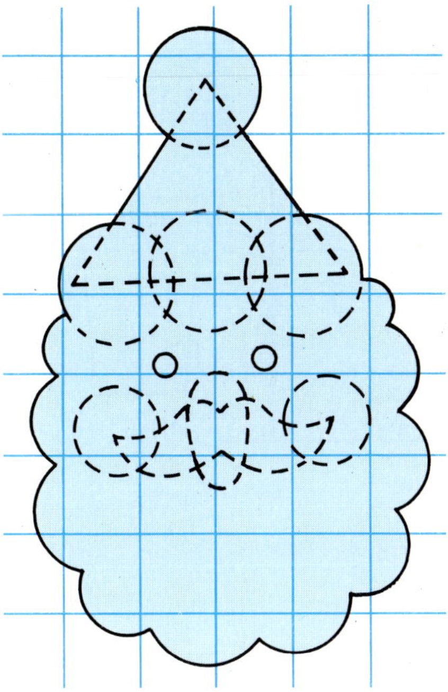

Seite 16: Jedes Quadrat = 2 cm

Elegante Kissen (Seite 103)

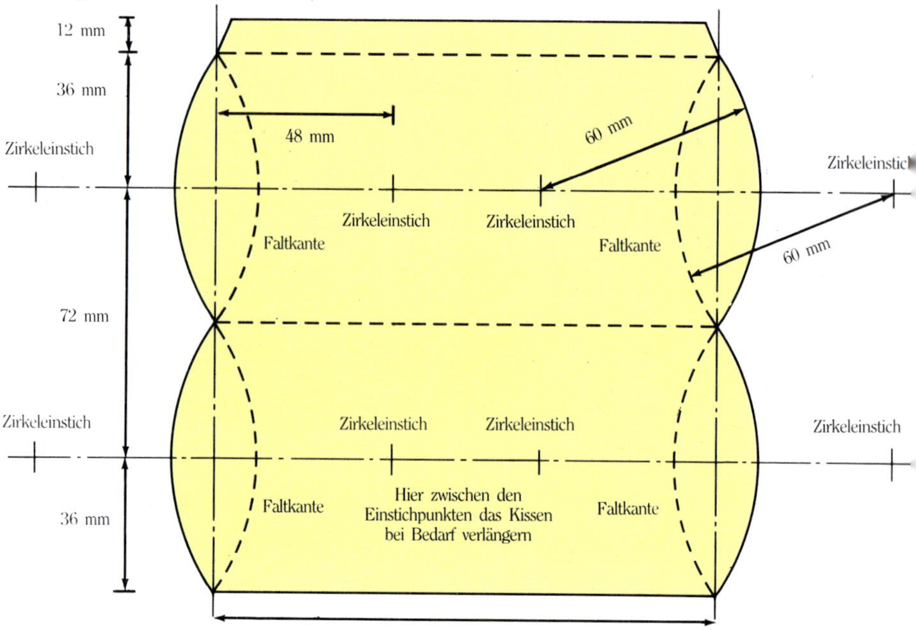

In der Schachtel (Seite 104)

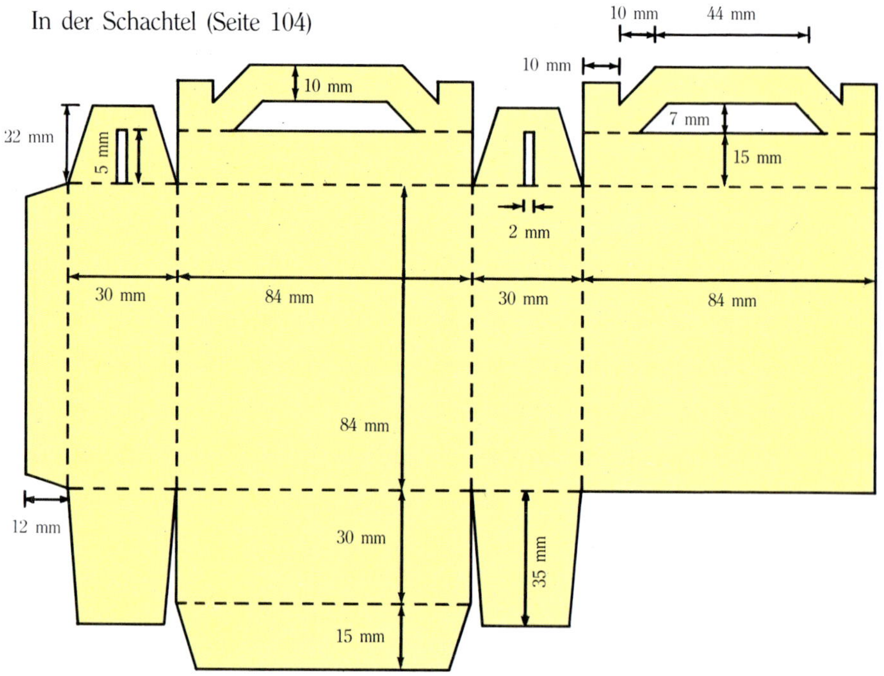

Die Pyramiden (Seite 102)

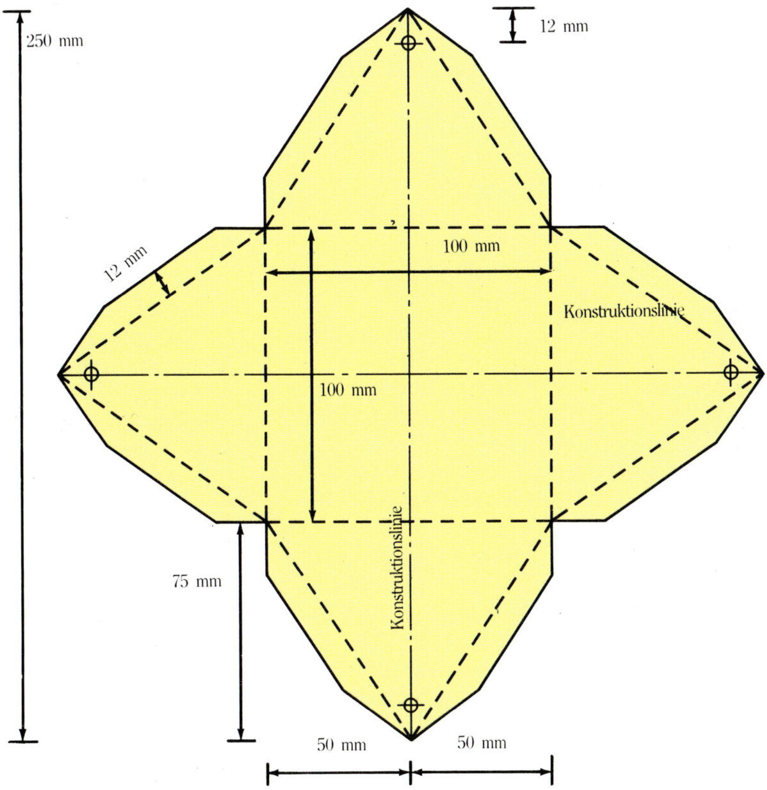

INDEX